企业可持续发展 ESG 工作实用手册

企业可持续发展
ESG 工作实用手册

中诚信绿金 ◎ 编著

人民日报出版社
北京

图书在版编目（CIP）数据

企业可持续发展/ESG工作实用手册 / 中诚信绿金编著. -- 北京：人民日报出版社，2025.6. -- ISBN 978-7-5115-8747-3

Ⅰ.X322.2-62

中国国家版本馆CIP数据核字第2025FG4052号

书　　　名：	**企业可持续发展/ESG工作实用手册**
	QIYE KECHIXU FAZHAN/ESG GONGZUO SHIYONG SHOUCE
编　　著：	中诚信绿金
责任编辑：	李　安　蒋菊平
版式设计：	九章文化
出版发行：	人民日报出版社
社　　　址：	北京金台西路2号
邮政编码：	100733
发行热线：	（010）65369509　65369527　65369846　65369512
邮购热线：	（010）65369530　65363527
编辑热线：	（010）65369528
网　　　址：	www.peopledailypress.com
经　　销：	新华书店
印　　刷：	大厂回族自治县彩虹印刷有限公司
法律顾问：	北京科宇律师事务所　（010）83622312
开　　本：	710mm×1000mm　1/16
字　　数：	172千字
印　　张：	14
版次印次：	2025年9月第1版　2025年9月第1次印刷
书　　号：	ISBN 978-7-5115-8747-3
定　　价：	46.00元

编委会

主　编：薛东阳

副主编：张英杰　高卫涛

编委会：周美灵　王术玲　卞文佳

　　　　李　悦　于晓涵　王佳妮

　　　　丁美琳　刘则尧　孟　栖

前　言

在后疫情时代，全球经济继续显现出复苏迹象，亚太地区、新兴市场崛起尤为亮眼，中国成为世界经济增长的重要动力来源。在国际局势动荡、逆全球化思潮抬头、贸易保护主义等重重挑战下，我国克服了国内有效需求不足、新旧动能转换阵痛、部分行业经营困难的局面，实现2024年全年经济增长5%、对世界经济增长的贡献率接近30%。我国在大力推进科技创新、绿色发展、数字化转型等方面取得了显著进展，2024年全国两会再次强调发展新质生产力，推动高质量发展。国内多项政策发布引导企业关注ESG理念，在追求经济效益的同时承担环境保护、社会责任，在促进高新科学技术进步的同时关注经济社会稳定，带动价值链转型升级。

随着气候变化加剧、环境资源衰减、区域社会矛盾激化、产业结构调整加速以及科技变革的冲击，可持续发展已成为全球经济社会的核心共识。然而，传统政策驱动模式面临执行效率低、企业参与不足等问题，亟须市场化实施路径。ESG框架由此兴起，成为连接可持续发展宏观目标与微观实践的关键桥梁。同时，我国在不断建设完善国内的可持续金融市场，经过各方努力，我国已建成以绿色信贷、绿色债券为主的多层次、多元化绿色金融体系，并进一步拓展环境、社会和治理（ESG）类债券、可持续挂钩债券及贷款、ESG基金等更加综合的可持续金融产品体系，ESG投资市场不断丰富，资本市场端与国际市场全面接轨。全球资本市场不仅支持以ESG为主题的产品投资，也在投资决策中对企业的关注点持续围绕可持续发展进行扩展，由单一财务绩效判断转变为对企业ESG风险、价值链等方面的综合考察。

欧盟及其他国家在国际组织、标准制定方的促进下，陆续公布了企业披露可持续发展报告的强制要求政策，并推进了对ESG信息、ESG评级及ESG报告审验/鉴证方面的监管，助力企业提升ESG管理水平，为市场提供有效的参考准绳。我国继国务院国资委要求央企控股上市公司力争到2023年ESG相关报告披露"全覆盖"后，2024年沪深北证券交易所正式发布了适用于我国上市公司的可持续发展报告披露指引要求，财政部提出采用"区分重点、试点先行、循序渐进、分步推进"的策略逐步扩展披露ESG报告的企业范围。我国A股上市公司披露2023年ESG报告的比例为40.28%，披露比例逐年提升。在全球贸易发展背景下，各国为吸引投资、带动当地经济发展，对企业端ESG信息披露、ESG合规、供应链ESG管理等方面的要求可预见将进入提速阶段。

可持续发展与ESG的概念虽然不完全等同，但二者紧密相连，相互促进。可持续发展是宏观层面的长远目标，旨在实现经济、社会和环境的协调发展，强调在全球和地区的长期福祉与繁荣，而ESG则是企业层面的具体实践工具，通过评估企业在环境、社会和治理方面的表现，帮助企业识别风险、把握机遇，推动可持续发展目标的落地。ESG作为衡量企业可持续发展能力的重要体系，为投资者和利益相关者提供了判断企业长期价值的框架，引导投资决策，二者共同为实现全球可持续发展目标贡献力量。本手册以《企业可持续发展/ESG工作实用手册》为题，包含ESG起源、

前言

ESG市场趋势、国内外前沿ESG政策等内容,由远及近地加深企业对ESG投资、ESG评级与企业ESG管理之间联系的认识,更好地理解国内外一致推动企业开展ESG信息披露的原因。同时,本手册依据国内外现行可持续发展或ESG信息披露指南,结合主流评级要求,整理出一套综合的ESG报告指标体系,为企业披露ESG信息提供指导。此外,本手册详细地介绍了企业编制ESG报告的工作流程,以及配合ESG报告披露需要建立的企业内部ESG治理架构、制度、风险管理工作,希望本手册成为企业认识ESG市场的工具书、响应指引要求完成披露工作的案边书和开展ESG管理工作的启明灯。中诚信绿金愿以本手册为载体,帮助国内企业在经营管理中融入可持续发展理念,持续提升ESG管理能力,将企业品牌与价值联结更广阔的世界。

目 录
CONTENTS

一、ESG 起源与发展 / 001

（一）ESG 基本概念 / 003

（二）ESG 发展历程 / 013

（三）ESG 价值与应用 / 020

二、ESG 政策与准则 / 023

（一）国际 ESG 政策 / 025

（二）国内 ESG 政策 / 034

（三）国际组织 ESG 准则 / 050

三、ESG 评级与 ESG 投资 / 061

（一）ESG 评级的发展与应用 / 063

（二）国际主流 ESG 评级方法介绍 / 069

（三）国内主流 ESG 评级方法及对比 / 077

（四）ESG 投资政策推动与发展现状 / 082

四、企业ESG报告编制 / 089

（一）基本原则 / 091

（二）宽免情况 / 091

（三）报告编制流程 / 092

（四）报告编制框架 / 096

（五）实质性议题的评估与管理 / 101

五、企业ESG报告指标 / 115

（一）环境 / 117

（二）社会 / 139

（三）治理 / 157

六、ESG信息披露与ESG管理 / 171

（一）ESG信息披露 / 173

（二）ESG绩效监测与管理 / 176

（三）利益相关方沟通 / 193

（四）优化企业ESG管理 / 195

一、

ESG起源与发展

（一）ESG基本概念

1. ESG内涵及演进

(1) ESG的定义

ESG是环境（Environmental）、社会（Social）和治理（Governance）的简称，是衡量企业可持续表现与能力的三个核心领域，用于为经营决策和投资提供非财务绩效评价依据。环境，主要指企业在其运营中对自然环境的影响，包括应对气候变化、资源和能源使用、污染物排放管理等；社会，主要指企业与员工、供应链、客户及社区等社会各方的相处方式，涵盖劳工权益、健康与安全、社区关系等；治理，主要指企业内部管控安排和效能，涉及治理结构和运行机制、经营决策过程、风险合规、信息透明度、商业道德及股东权益保护等。

(2) ESG的兴起

ESG理念起源于18世纪，可追溯至早期的社会责任投资（Socially Responsible Investing，简称SRI）。当时，卫理公会创始人约翰·卫斯理（John Wesley）倡导其信徒避免从有害他人的商业活动中获利，特别是酒精和奴隶贸易，这一思想被视为社会责任投资的雏形，带有浓厚的宗教伦理色彩。①随着20世纪六七十年代公众环保运动、社会正义运动的兴起，投资者开始偏好责任投资。2004年，联合国全球契约（United Nations Global Compact，简称UNGC）发布《在乎者赢》（*Who Cares Wins*）报告，首次提出ESG一词，自此ESG成为正式术语。2006年，联合国环境规划署金融倡议（UN Environment Programme Finance Initiative，简称UNEP FI）与UNGC共同发起负责任投资原则（*Principles for Responsible Investment*，简称PRI），鼓励将ESG因素纳入投资分析和决策过程，帮助投资者理解ESG对投资价值的影响，推动ESG投资成为重要的投资策略。此后，国际组织、投资机构等各相关方不断深化ESG概念，使其持续吸纳新的社会议题，适应社会经济的不断发展，回应全球趋势和挑战，并逐步构建ESG信息披露准则及绩效评估体系。

（3）ESG与CSR

ESG可以视为企业社会责任（Corporate Social Responsibility，简称CSR）不断探索和实践的产物。

CSR最早可追溯到20世纪初，1909年著名实业家、慈善家安德鲁·卡耐基（Andrew Carnegie）发表了《财富的福音》（*The Gospel of Wealth*）一文，呼吁企业寻求社会福祉；1953年被誉为"企业社会责任之父"的知名经济学家霍华德·R.鲍恩（Howard R. Bowen）在其著作《商人的社会责任》（*Social Responsibilities of the Businessman*）中首次明确企业社会责任的概念，即"商人为满足社会目标和价值而采取的政策、计划和行动"；1984年美国学者爱德华·弗里曼（R. Edward Freeman）首次提出了利益相关者

---

① Russell Spapkes, *Socially Responsible Investment: A Global Revolution*, New York: J. Wiley, 2002.

一、ESG起源与发展

理论，2006年战略专家迈克尔·波特（Michael E. Porter）和马克·克瑞默（Mark R. Kramer）将CSR纳入比较竞争优势理论，这些概念和理念为企业社会责任的实践奠定了基础。整体来看，企业社会责任是指企业在创造利润的同时，还要承担对利益相关者群体如员工、消费者、客户、社区、投资人、债权人、供应商等的责任，以及对环境影响的法律责任和道义责任。

我国早期开展社会责任活动主要源于跨国业务的要求，随着社会责任活动在国内逐步扩展，政府及监管部门也逐渐提高了对社会责任的重视程度。2002年证监会颁布的《上市公司治理准则》第八十六条规定"上市公司在保持公司持续发展、实现股东利益最大化的同时，应当关注所在地社区的福利、环境保护、公益事业等问题，重视公司的社会责任"，这是我国首次在法律条文中明确提出"社会责任"这一概念；2006年《中华人民共和国公司法》修订中的第五条对社会责任做出规定，"公司从事经营活动，必须遵守法律、行政法规，遵守社会公德、商业道德，诚实守信，接受政府和社会公众的监督，承担社会责任"。截至目前，我国开展社会责任活动已有20余年，正处于从被动履行到主动履行的转化阶段，同时企业履行社会责任已从单一地回报社会变为更加注重如何应对环境、社会和公司治理方面的风险和机遇，推动CSR迈向ESG。

ESG与CSR由于历史背景、功能定位和应用场景的不同而呈现差异，主要差异包括以下三点。

一是定义和范围不同。ESG是指企业在经营过程中考虑环境、社会和治理因素，以及如何应对这些因素对企业长期发展的影响；CSR是指企业在经营过程中履行社会责任，如慈善活动、社区参与、员工福利等，内容更宽泛。

二是目标和驱动力不同。ESG是投资驱动，注重量化绩效与财务的相关性，旨在为企业带来长期价值，通常用于投资决策和企业绩效评估。CSR更多的是出于对企业伦理和商业道德的考虑，以及对社会的承诺，强调企业对经济、社会和环境领域的责任，关注企业对社会的贡献，旨在提高企业声誉，树立企业良好形象。

三是披露要求和内容不同。ESG信息披露正逐渐成为强制性要求，披露内容使用标准化、量化的指标和框架，通常需要企业具备明确的政策和程序以统一管理、跟踪和报告其在环境、社会和治理方面的表现。CSR信息披露是自愿性的，披露内容以定性描述为主，如重点工作、典型案例等实践成果，披露形式并不强制公开，可以仅用于内部报送。

虽然ESG和CSR存在差异，但均是企业体现可持续发展水平、推动社会可持续实践的方式。随着可持续发展重要性的提升，ESG凭借其开放性高、应变性强、受资本关注程度高以及与财务绩效相关等优势，影响力和关注度逐渐超越CSR，成为可持续发展主流呈现形式。

2. ESG主要关注议题

（1）国际主流ESG议题

自2004年ESG概念被正式提出，国际ESG发展已有20余年的历史，在此期间，国际组织陆续出台了目前应用较多的ESG相关标准，包括但不限于全球报告倡议组织（Global Reporting Initiative，简称GRI）、联合国可持续发展目标（UN Sustainable Development Goals，简称UN SDGs）以及可持续核算准则理事会（Sustainability Accounting Standards Board，简称SASB）

一、ESG起源与发展

等。这些国际主流标准对企业发展应关注的重点ESG议题进行了较为全面的阐述和说明，不仅为企业编制和披露可持续信息提供了坚实的基础和指导，也为投资者、消费者、监管机构等多方利益相关者更好地了解和评估企业对重要ESG事项的管理能力和长期潜力提供了有价值的参考。斯坦福大学联合相关科研机构开展的《2024年机构投资者可持续发展调研》（*2024 Institutinonal Investor Survey on Sustainability*）结果显示，ESG三个维度受关注的议题和关注度如下。

环境维度方面，聚焦企业在资源利用、污染防控等关键领域的实践。环境维度议题不仅关乎企业的可持续发展，更对全球生态环境产生深远影响。应对气候变化是最受关注的议题，其关注度高达78%，这要求企业不仅要设定科学、合理的减排目标，还要积极实施减碳措施，如提高能源效率、推广可再生能源使用等。零碳宣言的关注度为48%，主要表现为企业通过公开承诺机制强化气候行动透明度，可以向外界展示其减少温室气体排放的决心。供应链的可持续性的关注度为46%，主要反映企业对供应链全链条的责任管理能力，要求企业能够识别、评估和应对供应链中的ESG风险，并推动供应链上下游企业遵守劳工标准、环保法规等，而非仅考虑自身运营。此外，生物多样性关注度为41%。该议题关系生态系统的稳定，需要企业尽量减少生产经营活动对周边生态环境的干扰和破坏，减少对资源的过度依赖，积极参与生物多样性保护项目，保护生态系统的平衡。原材料采购的关注度相对较低（26%），主要关联企业在原材料采购环节对环境影响的管理，如企业是否积极寻求可再生、可回收的原材料替代方案，减轻对有限资源的开采压力以及关联企业在原材料采购环节的合规性，如是否杜绝采购涉及冲突矿产。污染物或废弃副产品、包装物和产品相关废弃物的关注度最低（24%），主要反映企业污染防治和资源利用水平。企业需采取有效措施控制污染物排放，确保达标排放或实现零排放。同时，在包装材料的选择上，优先使用环保、可降解的材料，并推动包装的循环利用，缓解塑料垃圾等环境污染问题。

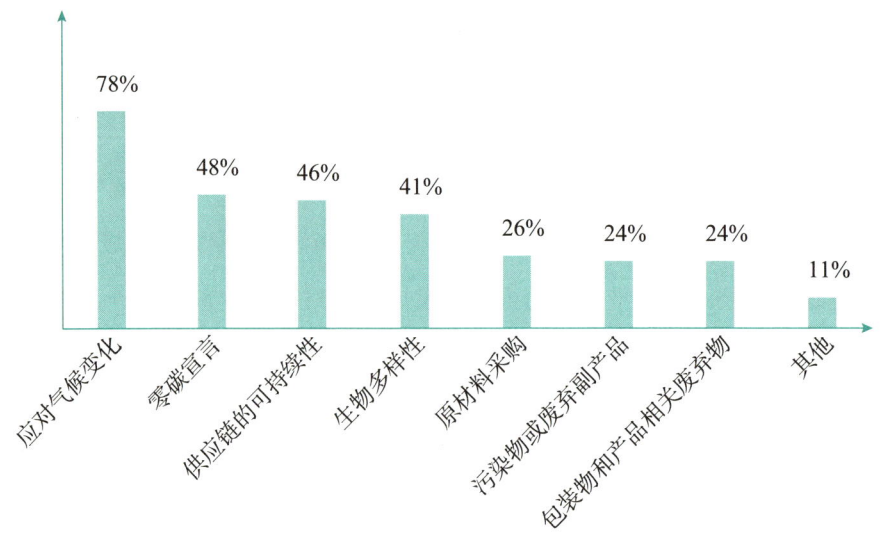

数据来源：中诚信绿金根据文献资料整理

图 1-1　环境维度主要议题关注度

社会维度方面，聚焦企业与个人、社区及更广泛社会的关系，社会维度议题充分反映了企业在社会责任方面的表现和态度。数据安全与隐私议题的关注度高达57%，反映企业能否有效确保用户信息不被泄露或滥用。领导层的多元化和劳动力的多元化议题分别以48%和46%的关注度位居前列，多元化不仅能够体现企业的包容性和公平性，更是激发创新思维和提升团队效能的关键因素。越来越多的企业意识到，多元化、包容性的工作环境能够吸引更多优秀人才，促进创意碰撞，从而推动企业的可持续发展。员工健康与安全议题关注度超40%。员工薪酬、供应链员工管理、不同性别薪酬差距比例、员工培训与发展等议题关注度均达到30%，这些议题关

一、ESG起源与发展

乎企业践行员工责任的水平，体现企业对员工身心健康、待遇公平、职业发展、性别平等方面的重视程度。良好的管理机制、培训体系、公平的职业晋升通道和激励机制，不仅能够有效提升员工的技能水平，还能够增强员工的归属感和忠诚度。此外，产品安全与质量议题的关注度为37%，该议题直接影响消费者信任、品牌声誉和合规性，需要企业加强从设计到售后全流程的风险控制和标准落实。社区关系议题关注度为35%，该议题反映企业在参与社区建设、与社区沟通和合作方面的能力，彰显企业更深层次的社会责任感和更广泛的影响力。

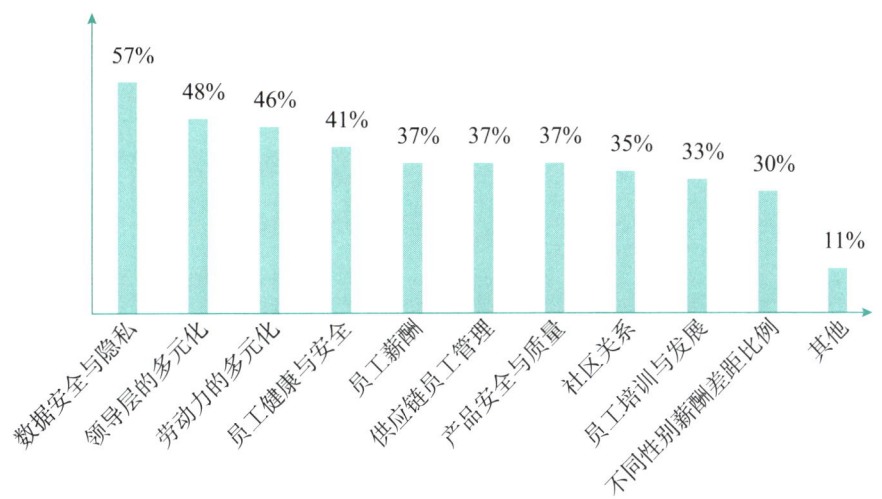

数据来源：中诚信绿金根据文献资料整理。

图1-2 社会维度主要议题关注度

治理维度方面，聚焦企业内部决策结构的合理性、监督机制的完善性以及利益相关者关系的和谐管理。治理维度议题直接影响企业的长期稳定发展。董事会治理结构、所有制结构是首要关注的议题，关注度均高达72%，彰显了其在确保企业决策科学性、有效性，以及决策效率等方面的基础性作用。**董事会的多样性**也是受到高度关注的议题，其关注度为 65%。一个多元化的董事会能够为企业带来不同的视角和思路，从而推动创新和发展。**财务报表的质量**同样不容忽视，其关注度为 57%。高质量的财务报表能够真实反映企业的财务状况，为投资者提供可靠的决策依据，进而增强他们的信心。**董事会主席的独立性**是保障公司治理独立性的关键所在，其关注度为 50%。一个独立的董事会主席能够有效防止重大利益关联的不当影响，确保公司治理的公正性和有效性。**CEO 薪酬**的关注度为 41%，合理的薪酬机制能够激励管理层为企业创造价值，但也要避免过度激励带来的潜在风险。**股东权益**的关注度同样为 41%，包括但不限于股东投票

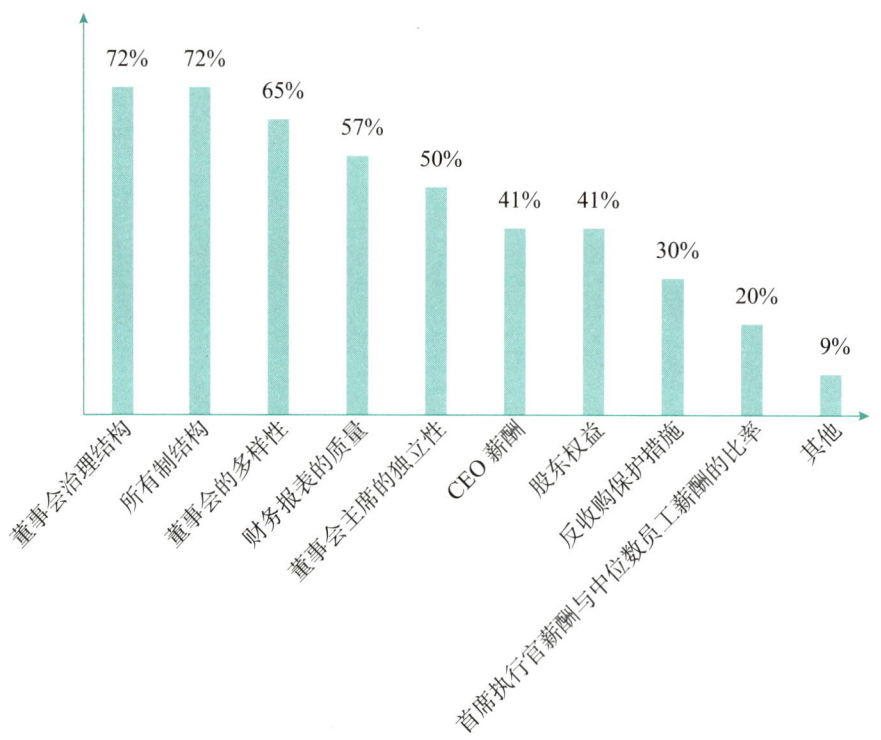

数据来源：中诚信绿金根据文献资料整理

图 1-3　治理维度主要议题关注度

权、信息获取权等，保护股东权益是维护资本市场公平性和投资者利益的重要保障。此外，反收购保护措施得到了30%的关注度，制定反收购保护措施有助于企业在激烈的市场竞争中保持稳健发展。最后，尽管首席执行官薪酬与中位数员工薪酬的比率关注度仅为20%，但这一议题能够体现企业内部薪酬分配的合理性，对维护员工士气和企业稳定具有重要意义。

（2）国内本土化ESG议题

我国在构建ESG指标体系的过程中，不仅参考了国际主流ESG议题，还充分结合国情特色。在议题设置中融入了乡村振兴、科技伦理、平等对待中小企业等具有中国特色的关键议题，以确保ESG体系更加贴合我国的社会经济发展需求。

乡村振兴作为中国特色社会主义新时代的重要战略部署，旨在推动农业农村现代化，缩小城乡差距，实现共同富裕。该议题重点考量企业如何通过产业帮扶、教育帮扶、资金帮扶等多种方式，促进农村产业升级和经济发展，并注重生态保护和文化传承。科技伦理作为科技活动中必须遵循的价值理念、行为准则和伦理底线，随着互联网的快速发展，成为重点关注领域。我国科技企业在科技伦理治理方面积极探索实践，通过建立科技伦理审查机制、加强科技伦理教育培训等，既为科技伦理治理提供了有益的经验，也促使企业在科技创新过程中强化伦理责任，确保科技成果的正当性和可持续性。中小企业作为中国经济的重要组成部分，在促进经济增长、增加就业、推动创新等方面发挥着不可替代的作用。然而，中小企业在市场竞争中常面临诸多挑战，如大型企业挤压市场、国际贸易摩擦等，如何为中小企业创造公平竞争的市场环境，提供必要的支持和帮助，共同推动整个产业链的健康发展成为一个必答题。

尽管国内外在ESG关注的议题上存在些许差异，但核心要求是一致的，即企业在追求经济效益的同时，必须兼顾环境保护、履行社会责任并维持良好的公司治理，以实现高质量可持续发展。这既是企业面临的系统性挑战，更是驱动整个社会向更加绿色、公平、高效方向转型的强大动力。

3. ESG主要参与方

ESG工作开展以企业为核心主体，在监管的指引和保障下，数据服务商、ESG评级机构以及ESG投资机构等多元主体彼此紧密关联、相辅相成，共同组成可持续发展生态圈。企业作为ESG实践的主体，依据ESG披露框架和相关规定，结合自身经营特点和实际情况，开展业务活动并主动披露ESG相关信息。数据服务商通过专业手段收集、整理和分析企业披露的ESG数据，为监管机构、ESG评级机构和投资机构提供数据参考。ESG评级机构则基于自身收集或者数据服务商提供的企业ESG数据，对企业进行评级评价，帮助其识别潜在的风险和机遇，优化经营策略。这些评级结果成为投资机构在选择投资对象时的重要参考依据，有助于引导资本流向那些具有可持续发展潜力的企业，进一步推动ESG理念的资本化运作。而政府及相关组织作为生态圈的保障，负责可持续发展相关标准、政策与制度的制定，不仅为ESG实践提供了明确的指导和规范，还通过其引领和导向作用，推动ESG理念在社会各界的广泛传播与深入实践。

一、ESG起源与发展

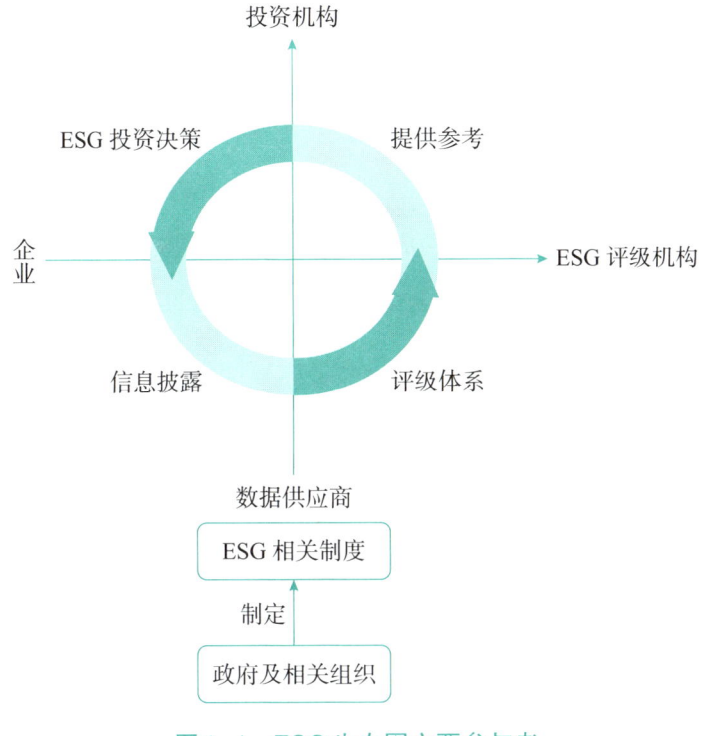

图1-4　ESG生态圈主要参与者

（二）ESG发展历程

1.国际发展历程

ESG自2004年正式提出，至今已经20余年，回顾其发展历程，大致可以分为三个阶段：兴起期（2004年至2014年）、提速期（2015年至2020年）以及规范期（2021年至今）。兴起期，始于联合国提出ESG概念，主要涵盖了ESG相关概念和法律文件的出台，同时一些大型投资机构和企业也开始积极参与，是ESG理念传播和初步实践的阶段；提速期，受2015年联合国17项可持续发展目标的制定以及《巴黎协定》所影响，ESG得以快速发展，在这一阶段，更多的企业和投资机构将ESG纳入其核心业务和投资决策中；规范期，以国际可持续准则理事会（International Sustainability Standards Board，简称ISSB）的成立为起点，全球ESG披露标准逐步统一，在此期间，欧盟和ISSB相继出台多项制度文件和标准，ESG逐步向规范和高质量发展演进。

表1-1　国际ESG发展重要里程碑

阶段	年份	事件	意义
兴起期（2004—2014年）	2004年	联合国全球契约（UNGC）于《在乎者赢》报告中首次提出ESG一词	首次提及ESG，并阐述了ESG因素整合为企业带来更好的财务表现，呼吁金融机构将ESG纳入考量
	2005年	《京都议定书》生效	《京都议定书》是全球第一个具有法律约束力的国际协议，旨在限制发达国家的温室气体排放量，从而抑制全球变暖
	2006年	负责任投资原则（Principles for Responsible Investment，简称PRI）成立	PRI发布六项投资原则，倡导机构投资者将ESG因素纳入其投资分析和决策中
	2007年	欧盟通过《股东权利指令》（Shareholder Rights Directive，简称SRD）	首次明确将ESG议题纳入具体条例中，要求上市公司股东通过充分施行股东权利影响被投资公司在ESG方面的可持续发展
	2010年	美国证券交易委员会发布了《委员会关于气候变化相关信息披露的指导意见》和配套的《与气候变化相关的信息披露指南》	要求上市公司对气候变化等环境议题从财务角度进行量化披露，开启了美国上市公司对气候变化等环境信息披露的新时代

一、ESG起源与发展

续表

阶段	年份	事件	意义
兴起期（2004—2014年）	2011年	可持续核算准则理事会（SASB）成立	通过制定标准指导企业披露具有财务重要性的可持续信息，已建立77个行业的可持续发展会计准则，推动资本市场更高效地评估可持续相关风险与机遇
	2014年	欧洲议会和欧盟理事会发布《非财务报告指令》（Non-Financial Reporting Directive，简称NFRD）	NFRD要求大型企业（员工人数超过500人）对外披露非财务信息，这些信息覆盖ESG议题
提速期（2015—2020年）	2015年	联合国制定可持续发展目标（SDGs）	联合国制定17个可持续发展目标，用于指导2015—2030年的全球发展工作
		第21届联合国气候变化大会通过《巴黎协定》	首个具有法律约束力的全球气候变化协定，为未来几十年的全球气候治理指明了方向并做出了制度性安排
		气候相关财务信息披露工作组（TCFD）成立	为企业提供气候变化相关的披露建议，帮助投资者、贷款人和保险公司进行风险评估和定价
	2016年	全球报告倡议组织（GRI）批准第一个可持续发展报告全球标准	该标准受到国际广泛认可，为企业提供议题披露内容及方法，旨在促进企业在经济、环境及社会绩效方面的透明度和可比性
	2017年	央行与监管机构绿色金融网络（NGFS）成立	集合全球央行和监管机构努力，加强对环境风险、气候变化风险研究和评估，制定适应气候变化风险的政策框架，提升金融机构风险管理水平

续表

阶段	年份	事件	意义
规范期（2021年至今）	2021年	自然相关财务信息披露工作组（TNFD）成立	为企业、金融机构创建评估和披露自然相关风险的框架，帮助其将自然因素纳入战略决策、风险管理，支持全球资金流向对自然有利的方向
		国际财务报告准则基金会（International Financial Reporting Standards，简称IFRS）宣布成立国际可持续准则理事会（ISSB）	制定可持续信息披露的全球基线标准
	2022年	欧盟通过《企业可持续发展报告指令》（Corporate Sustainability Reporting Directive，简称CSRD）	CSRD要求企业披露环境、社会和治理三个维度的信息，并遵循双重重要性原则，全面细致地披露可持续发展议题如何影响企业经营（财务重要性），以及企业经营活动对环境和社会的影响（影响重要性），成为欧盟ESG信息披露核心法规
	2023年	欧盟推出《欧盟可持续发展报告准则》（European Sustainability Reporting Standards，简称ESRS）	ESRS是CSRD配套的准则，对企业的可持续信息披露做出了具体规范
		国际可持续准则理事会（ISSB）发布IFRS S1和IFRSS2，并于2024年1月1日正式生效	全球可持续披露准则的里程碑，推动提升全球可持续披露信息的透明度、问责制和效率
	2024年	欧盟通过《企业可持续发展尽职调查指令》（Corporate Sustainability Due Diligence Directive，简称CSDDD）	CSDDD要求企业对其自身活动、子公司活动及其价值链中的业务伙伴的活动所产生的负面人权和环境影响承担责任
		不平等与社会相关财务披露工作组（TISFD）成立	计划构建社会议题信息披露体系，推动企业更好地识别、评估、管理、披露不平等与社会相关影响、依赖、风险和机遇，帮助企业提升管理社会风险的能力

2. 国内发展进展

我国对ESG的最初关注虽然滞后于国际，但已展现出"快速赶超"的蓬勃发展态势，纵观其发展历程可分为三个阶段：萌芽期（2006年至2015年）、探索期（2016年至2019年）以及加速推进期（2020年至今）。萌芽期的起点可追溯到2006年，深圳证券交易所发布《上市公司社会责任指引》，鼓励上市公司积极履行社会责任，定期评估公司社会责任的履行情况，并自愿披露企业社会责任报告，拉开了我国上市公司乃至全社会企业重视和履行社会责任的序幕。2012年，香港联交所发布为上市公司提供ESG报告自愿性披露建议，有力地推动了ESG理念在我国资本市场的普及。

2016年，中国人民银行等七部委共同发布了《关于构建绿色金融体系的指导意见》，这份文件是我国开展绿色金融、促进社会转型和可持续发展的纲领性文件，具有重要里程碑意义，标志着我国ESG实践的初步探索。随着2018年《上市公司治理准则（修订）》的出台，我国确立ESG信息披露的基本框架；同年11月，中国证券投资基金业协会发布的《中国上市公司ESG评价体系、研究报告》，构建了衡量上市公司ESG绩效的核心指标体系，为投资者提供重要参考，促进上市公司的可持续发展。

2020年，习近平主席在第75届联合国大会上提出"双碳"目标，标志着我国ESG发展进入了加速推进期。2022年，国务院国资委发布《提高央企控股上市公司质量工作方案》，对央企控股上市公司ESG信息披露提出了"全覆盖"要求，央企的引领作用带动了全市场的快速发展；2024年，沪深北证券交易所分别发布《可持续发展报告指引（试行）》[①]，为上市公司披

---

① 2024年4月，沪深北证券交易所分别发布《上海证券交易所上市公司自律监管指引第14号——可持续发展报告（试行）》《深圳证券交易所上市公司自律监管指引第17号——可持续发展报告（试行）》《北京证券交易所上市公司可持续监管指引第11号——可持续发展报告（试行）》文件，均简称为《可持续发展报告指引（试行）》。

露可持续发展信息提供标准、统一的框架，随后，财政部等九部门[①]发布《企业可持续披露准则——基本准则（试行）》，是国家层面首次出台的可持续披露统一标准，对推动我国ESG发展和国际化接轨具有重要意义。

表1-2 我国ESG发展历程

阶段	年份	事件	意义
萌芽期（2006—2015年）	2006年	深圳证券交易所发布《上市公司社会责任指引》	由上市公司率先引入社会责任机制，发挥示范效应，逐步带动全社会企业强化社会责任感、履行应尽的社会责任
	2008年	国资委发布《关于中央企业履行社会责任的指导意见》	提出建立社会责任报告制度，要求有条件的企业要定期发布社会责任报告或可持续发展报告
		上海证券交易所发布《上市公司环境信息披露指引》	明确上市公司环境信息披露的要求
	2012年	香港联交所发布《ESG报告指引》	为上市公司提供ESG报告自愿性披露建议
	2015年	党的十八届五中全会提出创新、协调、绿色、开放、共享的新发展理念	新发展理念，不仅为我国经济社会发展指明了方向，也为实现可持续发展目标提供了重要保障
探索期（2016—2019年）	2016年	中国人民银行等七部委发布了《关于构建绿色金融体系的指导意见》	形成我国绿色金融领域首份顶层制度文件，在全球范围内率先构建了较为完整的绿色金融政策体系，对于推动我国经济的绿色转型和可持续发展具有重要意义

---

① 九部门指财政部、外交部、国家发展改革委、工业和信息化部、生态环境部、商务部、中国人民银行、国务院国资委、金融监管总局。

一、ESG起源与发展

续表

阶段	年份	事件	意义
探索期（2016—2019年）	2017年	中国共产党第十九次全国代表大会首次提出"高质量发展"的概念	标志着中国经济从高速增长阶段转向高质量发展阶段
	2018年	中国证监会发布《上市公司治理准则》（修订）	确立ESG信息披露的基本框架
加速推进期（2020年至今）	2020年	习近平主席在第75届联合国大会上提出"双碳"目标：中国二氧化碳排放力争于2030年前达到峰值，努力争取2060年前实现碳中和	"双碳"目标被宣布为国家战略，体现了中国积极应对气候变化、推动绿色发展的决心和行动
	2022年	国资委成立社会责任局，发布《提高央企控股上市公司质量工作方案》	推动央企控股上市公司高质量发展，不断提高ESG专业治理能力和风险管理水平，同时提升ESG专项报告的披露率
		党的二十大报告将高质量发展定位为全面建设社会主义现代化国家的首要任务	对推动绿色发展，促进人与自然和谐共生、实现我国全面高质量发展做出明确部署
	2024年	中国人民银行等七部门发布《关于进一步强化金融支持绿色低碳发展的指导意见》	首次明确将ESG纳入信用评级
		沪深北证券交易所发布《可持续发展报告指引（试行）》	为上市公司可持续发展信息披露提供了明确的框架和具体要求
		财政部等九部门联合印发了《企业可持续披露准则——基本准则（试行）》	这是国家层面首次出台的准则，明确了ESG信息披露的框架，对推动我国经济高质量可持续发展具有重要意义

（三）ESG价值与应用

ESG是企业履行环境、社会和治理责任的核心框架，是评估企业长期发展价值的体系。对投资者而言，ESG是关注环境、社会和治理等非财务绩效、衡量企业价值与风险的系统性方法论。简而言之，ESG对于企业及整个社会的可持续发展具有广泛的影响和价值。

1.满足监管及合规要求

随着ESG理念的不断发展，ESG监管已从早期的呼吁与倡议，逐步演进为明确的评价标准，并在部分国家和地区上升为法律责任。在中国，这一趋势同样明显，ESG正由非强制性倡议向强制性要求过渡。ESG合规不仅对于规范企业的经营行为和提升信息披露透明度至关重要，更是企业可持续发展的重要驱动力。通过ESG管理，将ESG风险纳入企业内部风险管理流程，可以提升企业应对风险能力，减少因ESG问题导致的经济损失。通过践行ESG原则，企业在保护自然环境、促进社会和谐与公平的同时，能够实现经济效益的稳健增长。

2.提升企业影响力

ESG实践要求企业公开其在环境、社会及治理方面的表现和数据，完善的ESG信息披露能减少公司与利益相关方之间信息不对称的情况，此举极大提升了企业的透明度，有效回应了利益相关方的关切，提升品牌声誉和社会认同。企业通过ESG实践与利益相关方更好地合作，协调关系，争取实现社会价值最大化。同时，ESG实践促进了企业在环境、社会和治理方面的持续改进与创新，推动了企业的可持续发展，塑造了良好的品牌形象和品牌价值，并树立了行业标杆，引领整个行业向更可持续的方向迈进。

3.顺应出海企业要求

在国际化趋势下，ESG成为中国企业拓展海外市场的一个重要"准入要求"，各国政府和监管机构对ESG信息披露的要求越来越严格，部分国家甚至将ESG要求纳入贸易壁垒。ESG实践对于顺应海外贸易要求具有重要作用，它不仅有助于企业遵守国际标准、降低运营风险、避免因违反ESG相关法律法规而受到处罚，同时有助于企业在国际市场上树立良好的形象，吸引更多的资本投入，推动企业的可持续发展。

4.助力企业高效融资

企业若展现出良好的ESG表现，往往能够享受到更低的融资成本。这是因为，良好的ESG表现被视为企业在财务绩效、风险防范以及可持续发展等方面均具备更优的能力。随着责任投资理念不断盛行，ESG表现优异的企业更容易赢得投资者的青睐。良好的ESG表现还有助于降低企业的经营风险，进而增强市场竞争力，并提升投资者的信心。此外，可持续金融发展的多元化，为着眼于绿色和转型发展的企业提供了创新的融资渠道，符合金融机构投资偏好，并有助于企业降低融资成本。

5.企业高质量发展的内在需求

ESG的核心理念是企业依据"双重影响性"原则,深入挖掘对自身发展有重要影响的议题及因素,通过良好的管理实践实现可持续发展。企业可通过ESG管理推动高质量发展,将ESG融入企业内部管理和战略规划,建立有效的ESG治理架构,并通过有效的措施保障工作执行和落地,积极响应利益相关方关注的议题事项。

二、

ESG政策与准则

二、ESG政策与准则

历经数十载的不断演进与优化，国内外关于ESG的政策框架日益成熟，标准也逐渐趋向一致。本部分将从国际ESG政策、国内ESG政策以及国际组织ESG准则的发展历程与变迁进行详细阐述。

（一）国际ESG政策

国际ESG发展时间相对较长，在规则和政策制定方面具有一定的领先性。其中，欧盟在推动ESG信息披露方面走在全球前列，构建起一套全面的可持续金融政策框架，得到国际社会的广泛认可。美国因执政党派更替和政治主张差异，尚未建立联邦层面统一的ESG政策，主要是从保护投资人权益的角度鼓励上市公司自主披露ESG信息。其他国家如加拿大、日本、澳大利亚、新加坡等在ISSB准则的推动下，建立了适用于本国的ESG信息披露政策路线图，同时做出了一些规范ESG投资相关信息披露的尝试。

1.欧盟ESG政策

欧美地区企业在20世纪七八十年代率先面临经济发展与自然保护的两难困境，同时在多种族人口、宗教差异、性别权利等社会矛盾激化的背景下，部分企业主动承担社会责任，开始披露企业在环境、社会方面的努力，以及与不同利益相关方的沟通情况。GRI、SASB等国际组织相继成立，逐步形成可持续发展信息披露规则，成为全球ESG信息披露政策的基石。欧盟可持续发展政策最早可追溯至1957年欧洲共同体成立，随着20世纪六七十年代欧洲环境污染加剧、环境质量下降，首个重大监管政策《环境行动规划》（Environment Action Plan，简称EAP）在1973年批准实施，推动欧盟环境治理政策边界持续扩展。

萌芽形成期（1973—1996年）：20世纪八九十年代，多项重要协议的签署强化了欧盟环境治理框架。1987年《单一欧洲法案》尤为重要，其将环境保护明确纳入欧盟的发展目标，为环境因素融入欧盟宏观经济政策奠定了基础。1992年《马斯特里赫特条约》进一步强调了欧盟将致力于可持续发展，确立可持续发展原则作为欧盟核心目标。

推动共识期（1997—2017年）：欧盟积极推进全球环境公约签署，1997年达成的《京都议定书》是具有标志性意义的国际协定，欧盟在协商中扮演关键角色，倡导全球采取有力的气候行动。2001年欧盟委员会发布《欧洲关于企业社会责任的基本条件》绿皮书，定义企业社会责任，强调企业应积极履行社会责任。2011年欧盟制定《2011—2014欧盟CSR更新战略》（A Renewed EU Strategy 2011-2014 for CSR）再次对企业社会责任进行定义，呼吁成员国制定国家行动计划，首次提出通过立法强制企业披露环境和社会信息。

2014年，欧盟颁布修订《非财务报告指令》（NFRD）并引入双重重要性概念，首次系统地将ESG三要素纳入法规条例，对环境议题明确了强制披露的内容，为社会和公司治理议题提供了参考性披露范围。2015年，欧盟推动达成《巴黎协定》，是全球气候治理进程中的重要一步。欧盟逐步将可持续发展理念融入公司治理框架，2017年修订《股东权指令》，要求股东参与上市公司ESG方面的管理，披露参与被投资上市公司ESG事项的具体方式与影响，促进资产管理者更加透明、规范地履行受托责任。

政策加速期（2018—2022年）：2018年，欧盟发布以推动可持续金融为核心目标的《可持续发展融资行动计划》，同时加强了可持续公司治理。2019年，欧盟发布了具有里程碑意义的《欧洲绿色协议》（*European Green Deal*），覆盖气候、能源、机制、工业和农业等五大领域。

2020年，《欧盟可持续金融分类法》（*EU Taxonomy Regulation*）正式生效，与《可持续发展融资行动计划》形成立法上的紧密衔接，通过制定可持续经济活动清单，为绿色法规与监管框架设立新的标准。《欧盟可持续金融分类法》将经济活动分为六大类别，每个类别均具有技术筛选标准，方便投资者确定其投资是否符合该类别的标准。若要被归类为符合欧盟分类法，相关经济活动需遵循对一个或多个目标有"实质性贡献"（Substantial Contribution）和"无重大损害"（Do No Significant Harm）原则（若要被纳入拟议的《分类方案》，一项经济活动必须对六项环境目标中的一个或多个做出实质性贡献，并对其他几项没有重大损害），以及要满足最低限度的社会保障（Social Safeguards）和相关技术筛选标准。

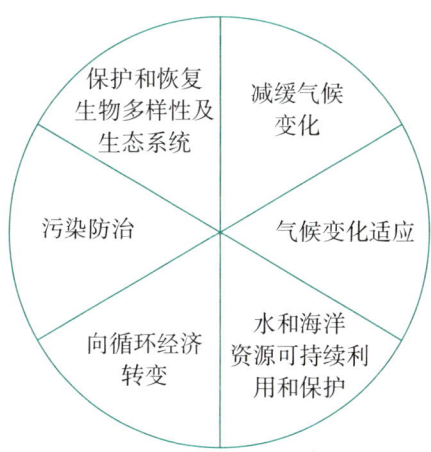

图2-1 《欧盟可持续金融分类法》六大环境目标

2021年，欧盟发布新版可持续金融战略《向可持续经济转型融资战略》，对内实现《欧洲绿色协议》政策目标，对外履行气候变化和可持续发展的国际承诺，促进了《企业可持续发展报告指令》（CSRD）与《企业可持续发展尽职调查指令》（CSDDD）法案的提出。

<u>实践完善期（2023年至今）</u>：2023年，欧洲证券及市场管理局（ESMA）发布公告，强调企业发行证券时应在招股说明书、债券募集说明书中纳入重要的可持续发展信息，并且要与企业财务报告、管理报告和可持续发展报告、证券营销广告等内容保持一致，建议明确披露ESG债券风险、募集资金用途、ESG要素审验情况等。CSRD沿用NFRD影响重要性与财务重要性概念，于2023年6月正式生效，同年7月，首批12项可持续发展报告标准（ESRS）发布，要求属于CSRD管辖范围的企业按该标准要求从2024—2029年分阶段披露可持续发展报告。首批12项可持续发展报告标准（ESRS）包含2项通用要求以及10项ESG议题的披露要求，行业特定的可持续发展报告准则以及针对中小企业的报告准则仍在制定中。

表2-1 可持续发展报告标准（ESRS）主题

通用标准	环境主题标准	社会主题标准	治理主题标准
ESRS 1 一般要求 ESRS 2 一般披露	ESRS E1 气候变化 ESRS E2 污染物 ESRS E3 水和海洋资源 ESRS E4 生物多样性及生态系统 ESRS E5 资源使用及循环经济	ESRS S1 自有劳动力 ESRS S2 价值链中的劳动力 ESRS S3 受影响社区 ESRS S4 消费者及终端用户	ESRS G1 商业行为

二、ESG政策与准则

CSDDD于2024年7月25日起生效，强制要求在欧盟运营的大型企业公开披露开展人权和环境尽职调查。指令要求符合规定范围内的企业必须采取措施管理其活动对人权和环境问题产生的实际和潜在不利影响，这些影响来源包括企业自身运营、其子公司运营，以及其活动链中的业务伙伴运营。

表2-2 《企业可持续发展尽职调查指令》设置企业必须遵循的尽责管理流程

- 对人权和环境尽职调查采取"基于风险"的方法（第5条）
- 将尽职调查纳入所有相关政策和风险管理体系（第7条）
- 识别和评估实际或潜在的不利影响，并在必要时确定潜在和实际不利影响的优先次序（第8条和第9条）
- 预防和减轻潜在的不利影响；消除实际的不利影响，并尽量减少影响的程度（第10条及第11条）
- 对实际不利影响提供补救措施（第12条）
- 开展有意义的利益相关者参与（第13条）
- 建立和维持保密的通知机制和投诉程序（第14条）
- 评估监督尽职调查政策和措施的有效性（第15条）
- 发布年度合规报告，公开沟通尽职调查（第16条）
- 制定并实施气候转型计划，每年更新（第22条）
- 指定一名授权代表（第23条）

目前，欧盟对企业可持续信息披露的要求较为严格，尤其对在欧盟运营或与欧盟有业务往来的国际企业影响显著，这些要求涉及合规、供应链管理和碳交易，相关企业需尽快做好准备。

2.美国ESG政策

美国联邦政府尚未制定统一的可持续发展政策，但美国证券交易所发布自愿性ESG信息披露要求，部分州政府建立了基于养老金投资的ESG政策引导。整体来看，美国的可持续发展信息披露主要由投资者等利益相关方共同推动，促进ESG投资发展，但受政治因素影响，ESG投资一直处于争议中。

以加利福尼亚州为例，该州自2006年通过《全球变暖解决方案法案》（AB 32）以来，逐步建立完善气候立法体系，2018年通过SB 964法案，要求加州公共养老基金报告重大气候相关金融风险，并通过第N-19-19号行政命令，设立加州气候投资框架和气候相关风险披露咨询小组。此后，加州持续强化气候信息披露监管，2023年10月通过《气候企业数据责任法》（Climate Corporate Data Accountability Act，SB 253）、《温室气体：与气候有关的财务风险》（Greenhouse Gases：Climate-Related Financial Risk，SB 261）和《自愿碳市场披露法案》（Voluntary Carbon Market Disclosures Act，AB 1305）。2024年，加州立法机构为应对外界批评与诉讼压力，并给予加州空气资源委员会（California Air Resources Board，简称CARB）更多的过渡时间和政策灵活性，对气候相关法案进行调整。其中，SB 253和SB 261两项法案被合并修订为SB 219《温室气体：企业气候责任及气候相关财务风险法案》，于2024年9月正式通过。原计划修订AB 1305法案的AB 2331法案（提案）未能通过，AB 1305法案仍保留生效状态。

二、ESG政策与准则

表2-3 加利福尼亚州气候信息披露法案

SB 219法案	AB 1305法案
● 为加州空气资源委员会（CARB）宽限6个月，要求其在2025年7月1日前借助外部机构制定气候风险报告规则，建立公开信息披露平台 ● 取消企业的披露备案费用，同时简化SB 253法案要求，允许企业在母公司层级合并披露碳排放信息 ● 要求在加州运营、年收入10亿美元以上的企业自2026年起披露范围1、范围2温室气体排放量，从2027年起披露范围3温室气体排放量，并取得排放数据的相应鉴证保证 ● 要求在加州运营、年收入5亿美元以上的企业（除保险机构）自2026年起每两年在官网按TCFD建议发布气候风险报告，报告内容涵盖气候变化风险分析以及企业为缓解风险而实施的策略	● 确保受益于加州经济的企业承担其气候足迹的责任 ● 法案覆盖范围包括在加州销售或推广自愿碳补偿（Voluntary Carbon Offsets, VCOs）、在加州运营并购买/使用VCOs或在加州运营并使用VCOs进行减排声明的企业，要求上述企业每年在官网披露相关碳抵消产品（碳抵消项目注册信息、减排量核算方法等）、第三方认证等内容

纳斯达克ESG报告指南：2017年，纳斯达克北欧交易所发布首份《ESG数据报告指南》，2019年发布《ESG报告指南2.0》，将覆盖主体扩展至美国纳斯达克上市的公司和证券发行人，主要从利益相关者、重要性考量、ESG指标度量等方面提供ESG报告编制指引。

纽约证券交易所ESG报告指南：纽约证券交易所为上市公司提供ESG信息披露指引以及ESG信息披露检索平台，帮助公司定位可持续发展差距、与同业公司对比分析。

《ESG信息披露简化法令》（ESG Disclosure Simplification Act）**草案**：2021年6月，美国众议院通过《ESG信息披露简化法令》草案，强制要求证券发行人在年度报告中披露ESG指标、ESG指标对公司长期战略的影响。

由于该法令草案被搁置，目前尚未正式发布。

《气候信息披露最终规则》：2024年3月6日，美国证监会公布了《面向投资者的气候相关信息披露的提升和标准化》(The Enhancement and Standardization of Climate-Related Disclosures for Investors)的最终规则，简称《气候信息披露最终规则》，要求在美国已上市或即将上市的企业在其年度报告和招股书中披露气候相关的信息和风险，强化提升了对ESG信息披露的要求。但是，行业游说团体和多个州共和党高级别法官强烈反对此项规则并提起诉讼，2025年3月末，美国证监会投票决定终止对《气候信息披露最终规则》的法律辩护，意味着美国上市公司不再被强制要求披露应对气候变化的相关信息。

3.其他国家ESG政策

除欧盟和美国外，日本、英国、澳大利亚、新加坡等国家也在积极践行ESG工作，纷纷出台了相关的政策和标准。

日本：2020年，日本交易所集团下的东京交易所针对上市公司发布了《ESG披露实用手册》。2022年7月，日本可持续发展标准委员会（Sustainability Standards Board of Japan，简称SSBJ）成立，致力于以ISSB准则为基础制定适用于日本本土的可持续发展披露标准。2025年3月，SSBJ发布《通用可持续发展披露标准"可持续发展披露标准的应用"（应用标准）》《主题型可持续发展披露标准第1号"一般披露"（一般标准）》《主题型可持续发展披露标准第2号"气候相关披露"（气候标准）》，将分阶段推进日本可持续信息披露工作建设。

英国：2023年6月，英国商业贸易部（Department for Business and Trade，

二、ESG政策与准则

简称DBT）联合英国财务报告理事会（Financial Reporting Council，简称FRC）共同成立了英国可持续披露技术咨询委员会（UK Sustainability Disclosure Technical Advisory Committee，简称TAC），负责ISSB准则的评估和采纳，将向英国商业贸易部提供关于IFRS可持续披露准则在英国的使用建议和修订意见。

澳大利亚：2024年9月，澳大利亚会计准则委员会（AASB）批准通过了《AASB S1可持续发展相关的财务信息，披露的一般要求》《AASB S2气候相关披露》两项可持续信息披露准则，与ISSB不同，澳大利亚采用了气候优先办法，将《AASB S2气候相关披露》规定为强制性内容，对符合规模、排放量、资产门槛的企业分三年逐步实施披露要求，首批披露2025年度气候信息的企业包括大型企业或超过《国家温室气体和能源报告法》排放门槛的企业。具有披露义务的企业必须说明与气候相关的关键领域，其中包括治理与策略、风险与机遇、有关排放的指标和目标，且须至少使用两种情景[①]披露情景分析情况。

新加坡：2011年6月，新加坡交易所发布《可持续发展报告政策声明》以及配套文件《上市公司可持续发展报告指南》，建议上市公司披露在ESG领域的表现。2024年2月，新加坡会计与企业管理局、新加坡证券交易所监管公司（Singapore Exchange Regulation，简称SGX RegCo）表示基本采纳新加坡可持续发展报告咨询委员会（Sustainability Reporting Advisory Committee，简称SRAC）建议，在新加坡使用ISSB准则开展气候信息披露工作，要求上市公司从2025年度、大型非上市公司从2027年度开始披露气候相关信息，并在次年实现财务报告、可持续发展报告"同时披露"。2024年9月，SGX RegCo发布以ISSB准则为基础的《可持续发展报告规则》。

---

① 两种情景包括弱暖化情景（全球平均气温上升不超过1.5摄氏度）和强暖化情景（全球平均气温上升超过2.5摄氏度）。

（二）国内 ESG 政策

我国同样以环境监管信息披露为起始，逐步发展为 ESG 信息全面披露的强制要求。我国于 2007 年、2014 年先后发布了《环境信息公开办法（试行）》《企业事业单位环境信息公开办法》，鼓励企事业单位按照自愿公开与强制性公开相结合的原则公开本单位环境信息。2021 年，生态环境部公布《企业环境信息依法披露管理办法》，以部门规章的形式对企业环境信息依法披露的主体、内容、时限以及罚则做出具体规定。

在可持续信息披露方面，我国 2018 年修订了《上市公司治理准则》，对上市公司可持续信息披露的要求严格规范，确立了环境、社会及公司治理的披露框架。而在 2023 年 12 月《中华人民共和国公司法》修订中，对 ESG 信息、企业 ESG 管理的要求更加凸显，首次在法律层面确立了公司社会责任的具体规范，鼓励发布社会责任报告、加强职工参与公司治理、完善对中小股东利益的保护等。

表 2-4　2002 年版及 2018 年版《上市公司治理准则》

可持续发展维度	2002 年版	2018 年版
总要求	无	（第三条）上市公司应当贯彻落实创新、协调、绿色、开放、共享的发展理念，弘扬优秀企业家精神，积极履行社会责任，形成良好公司治理实践。上市公司治理应当健全、有效、透明，强化内部和外部的监督制衡，保障股东的合法权利并确保其得到公平对待，尊重利益相关者的基本权益，切实提升企业整体价值

二、ESG政策与准则

续表

可持续发展维度	2002年版	2018年版
环境	无	（第八十六条）上市公司应当积极践行绿色发展理念，将生态环保要求融入发展战略和公司治理过程，主动参与生态文明建设，在污染防治、资源节约、生态保护等方面发挥示范引领作用
环境	无	（第九十五条）上市公司应当依照法律法规和有关部门的要求，披露环境信息以及履行扶贫等社会责任相关情况
社会	（第八十六条）上市公司在保持公司持续发展、实现股东利益最大化的同时，应关注所在社区的福利、环境保护、公益事业等问题，重视公司的社会责任	（第八十七条）上市公司在保持公司持续发展、提升经营业绩、保障股东利益的同时，应当在社区福利、救灾助困、公益事业等方面，积极履行社会责任。鼓励上市公司结对帮扶贫困县或者贫困村，主动对接、积极支持贫困地区发展产业、培养人才、促进就业
社会		（第九十五条）上市公司应当依照法律法规和有关部门的要求，披露环境信息以及履行扶贫等社会责任相关情况
公司治理	无	（第五条）在上市公司中，根据《公司法》的规定，设立中国共产党的组织，开展党的活动。上市公司应当为党组织的活动提供必要条件。国有控股上市公司根据《公司法》和有关规定，结合企业股权结构、经营管理等实际，把党建工作有关要求写入公司章程
公司治理	无	（第十条）上市公司应当披露现金分红政策制定及执行情况，具备条件而不进行现金分红的，应当充分披露原因
公司治理	无	（第六十二条）上市公司可以依照相关法律法规和公司章程，实施股权激励和员工持股等激励机制。上市公司的激励机制，应当有利于增强公司创新发展能力，促进上市公司可持续发展，不得损害上市公司及股东的合法权益

续表

可持续发展维度	2002年版	2018年版
公司治理	无	（第七十八、七十九、八十、八十一条）增加机构投资者参与公司治理有关规定，重视中介机构在公司治理中的积极作用
	无	（第八十二条）中小投资者保护机构应当在上市公司治理中发挥积极作用，通过持股行权等方式多渠道保护中小投资者合法权益
	（第九十一条）上市公司应按照有关规定，披露公司治理的有关信息，包括人员构成、工作评价、改进计划和措施等	（第九十六条）上市公司应当依照有关规定披露公司治理相关信息，定期分析公司治理状况，制定改进公司治理的计划和措施并认真落实

自2020年起，在监管机构和市场力量的双重推动下，上市公司逐渐认识到可持续信息披露对于提升市场竞争力、增强品牌价值，以及吸引投资的关键作用。近三年来，上市公司在可持续信息收集、整合和披露方面取得了显著进步。根据中诚信绿金统计，近三年披露率稳步增长，2024年A股和中资港股披露可持续相关报告（包括ESG报告、可持续发展报告、社会责任报告、环境信息披露报告）的上市公司共计3275家，披露比例为50.38%，较上年同期增长4.64个百分点。其中，A股上市公司报告披露比例为41.58%，较上年同期增长6.36个百分点。

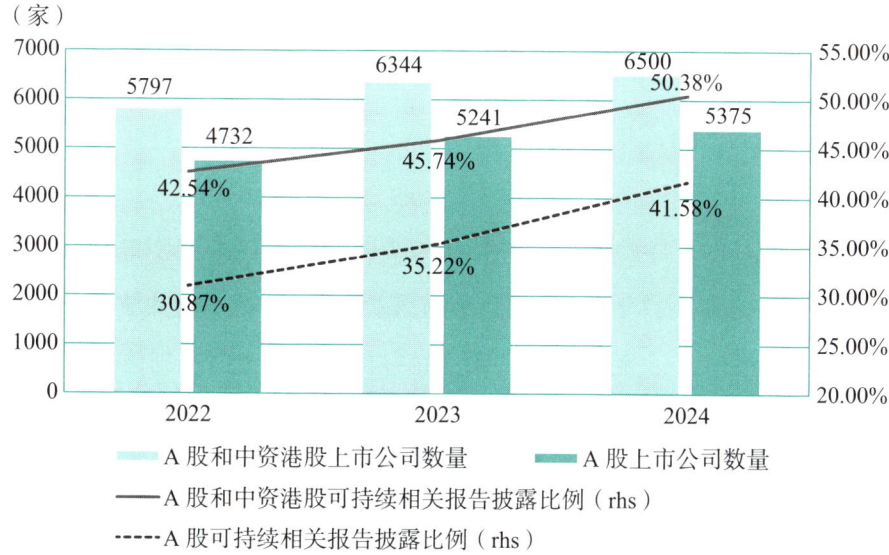

数据来源：中诚信绿金统计

图2-2 2022—2024年A股和中资港股上市公司ESG相关报告披露情况

2023年以来，我国的ESG体系建设进入新的发展阶段，监管层面、行业层面及地方层面，密集出台了一系列推动ESG体系建设、ESG披露的指引，构建中国特色ESG体系已快速提上日程。

1. 财政部ESG政策

2024年12月，财政部等九部门正式发布《企业可持续披露准则——基本准则（试行）》[简称《基本准则（试行）》]，明确了企业可持续相关信息的披露目标、披露原则、信息质量要求与披露要素，标志着我国正式开启统一的可持续披露准则体系建设。2025年4月末，财政部联合生态环境部发布《企业可持续披露准则第1号——气候（试行）（征求意见稿）》，延续"积极借鉴、以我为主、兼收并蓄、彰显特色"的制定思路，兼顾《IFRS S2 气候相关披露准则》和双重重要性原则，将气候风险披露扩展至气候机遇与影响，并计划发布电力等9个行业应用指南，细化行业特定指标。

我国统一的可持续披露准则体系包括基本准则、具体准则和应用指南，总体目标是"到2027年，企业可持续披露基本准则、气候相关披露准则及应用指南相继出台；到2030年，国家统一的可持续披露准则体系基本建成"。可持续披露准则的施行综合考虑了我国企业的发展阶段和披露能力，未采取"一刀切"的强制实施要求，而是采取区分重点、试点先行、循序渐进、分步推进的策略，逐步实现从上市公司向非上市公司扩展、从大型企业向中小企业扩展、从定性要求向定量要求扩展、从自愿披露向强制披露扩展。现阶段，在实施范围及实施要求做出规定前，鼓励企业自愿按照《基本准则（试行）》披露可持续信息。

2. 国资委ESG政策

2022年国资委发布《提高央企控股上市公司质量工作方案》，提出"贯彻落实新发展理念，探索建立健全ESG体系"，推动央企控股上市公司参与建立具有中国特色的ESG信息披露规则、ESG绩效评级和ESG投资指引，要求力争到2023年央企控股上市公司ESG专项报告披露"全覆盖"。

2023年，国务院国资委办公厅发布《关于转发〈央企控股上市公司ESG专项报告编制研究〉的通知》，其中的附件《央企控股上市公司ESG专项报告参考指标体系》为上市公司提供了基础的指标参考，从ESG三大维度，构建包括14个一级指标、45个二级指标、132个三级指标的指标体系，以

二、ESG政策与准则

定量或定性指标的形式将具体管理与实践拆解，设定"基础披露"与"建议披露"两个披露等级指标，综合了国内外可持续发展有关标准和要求，为央企控股上市公司逐步推进ESG管理和披露提供了灵活度。

表2-5 《央企控股上市公司ESG专项报告指标体系》

范畴	一级指标	二级指标	说明
环境	资源消耗	水资源，物料，能源，包装材料	5个一级指标、18个二级指标和56个三级指标。在三级指标中，基础披露指标12个，建议披露指标44个
	污染防治	废水，废气，固体废物	
	气候变化	温室气体排放，减排管理，环境权益交易，气候风险管理	
	生物多样性	生产、服务和产品对生物多样性的影响	
	资源与环境管理制度措施	低碳发展目标制定与战略措施，资源管理措施，节能降碳统计监测与考核奖惩体系，绿色环保行动与措施，绿色低碳认证，环境领域合法合规	
社会	员工权益	员工招聘与就业，员工薪酬与福利，员工健康与安全，员工发展与培训，员工满意度	4个一级指标、14个二级指标和43个三级指标。在三级指标中，基础披露指标12个，建议披露指标31个
	产品与服务管理	产品安全与质量，客户服务与权益，创新发展	
	供应链安全与管理	供应商管理，供应链环节管理	
	社会贡献	缴纳税费情况，社区共建，社会公益活动，国家战略响应	

续表

范畴	一级指标	二级指标	说明
治理	治理策略与组织架构	治理策略及流程，组织构成及职能，薪酬管理	5个一级指标、13个二级指标和33个三级指标。在三级指标中，基础披露指标27个，建议披露指标6个
	规范治理	内部控制，廉洁建设，公平竞争	
	投资者关系管理与股东权益	投资者关系管理，股东权益，债权人权益	
	信息披露透明度	信息披露制度，信息披露质量	
	合规经营与风险管理	合规经营，风险管理	

2023年12月27日，《中共中央 国务院关于全面推进美丽中国建设的意见》正式发布，明确提出，深化环境信息依法披露制度改革，探索开展环境、社会和公司治理评价。这标志着推动ESG信息披露和评价将成为我国新发展阶段重要战略任务。

2024年6月4日，国务院国资委制定印发《关于新时代中央企业高标准履行社会责任的指导意见》，再次强调了ESG工作的重要意义，要求将ESG工作纳入社会责任工作统筹管理，把握、应对ESG发展的机遇和挑战；要求推动控股上市公司围绕ESG议题高标准落实环境管理要求、积极履行社会责任、健全完善公司治理，加强高水平ESG信息披露，提高ESG治理能力和绩效水平，增强在资本市场的价值认同；要求推动海外经营机构在海外经营管理、重大项目实施中将ESG工作作为重要内容，主动适应所在国家、地区ESG规范要求，强化ESG治理、实践和信息披露，持续提升国际市场竞争力。

根据中诚信绿金统计，截至2024年6月30日，中央国有企业的报告披露比例超过95%，相较于2023年上升了9.95个百分点；地方国有企业的披露比例超过65%，同比增加了6.72个百分点。

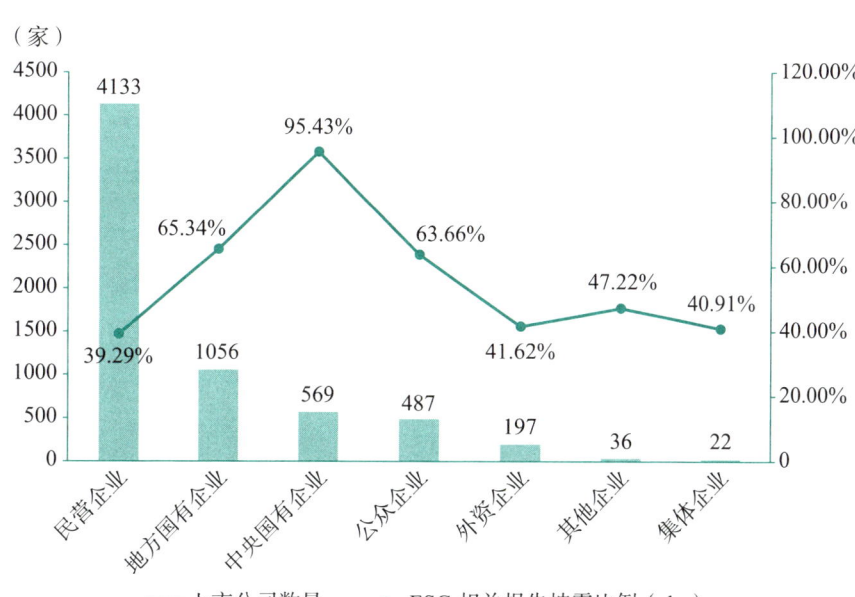

数据来源：中诚信绿金统计

图2-3 A股和中资港股不同属性上市公司报告披露情况

3.交易所ESG政策

（1）沪深北证券交易所

2006年，深交所发布《上市公司社会责任指引》，倡导上市公司积极履行社会责任，鼓励披露社会责任报告。上交所在2008年首次强制要求部分公司[①]披露社会责任报告。2020年，《上海证券交易所科创板股票上市规

---

① 在上交所上市的"上证公司治理板块"样本公司、发行境外上市外资股的公司及金融类公司，应在披露2008年年报时披露公司社会责任的报告。

则》规定上市公司在年度报告中披露履行社会责任的情况，视情况编制和披露社会责任报告、可持续发展报告、环境责任报告等。

2024年4月，沪深北证券交易所分别发布《可持续发展报告指引（试行）》，引导和规范上市公司基于双重重要性原则发布ESG报告，要求持续被纳入上证180指数、科创50指数、深证100指数、创业板指数的样本公司，以及境内外同时上市的公司披露《可持续发展报告》，并鼓励其他上市公司自愿披露。《可持续发展报告指引（试行）》按照强制披露、不披露即解释、引导披露和鼓励披露的层级，对21个议题设置披露要求。对于具有财务重要性的议题，上市公司应当按照治理、战略、影响、风险和机遇管理、指标和目标四个方面的核心内容及相关规定进行分析和披露。

表2-6 沪深北证券交易所《可持续发展报告指引（试行）》

	环境信息		社会信息		可持续发展相关治理信息
1	应对气候变化	9	乡村振兴	18	尽职调查
2	污染物排放	10	社会贡献	19	利益相关方沟通
3	废弃物处理	11	创新驱动	20	反商业贿赂及反贪污
4	生态系统和生物多样性保护	12	科技伦理	21	反不正当竞争
5	环境合规管理	13	供应链安全		
6	能源利用	14	平等对待中小企业		
7	水资源利用	15	产品和服务安全与质量		
8	循环经济	16	数据安全与客户隐私保护		
		17	员工		

截至2024年10月30日，深证100指数和境内外同时上市的公司全部披露可持续发展相关报告。上证180指数和科创50指数的上市公司披露比例

均超过了90%。相比之下，创业板指数样本公司披露比例偏低，但也远高于上市公司平均披露水平，强制披露样本企业显示出较好的ESG认知，具有较好的引领示范效应。

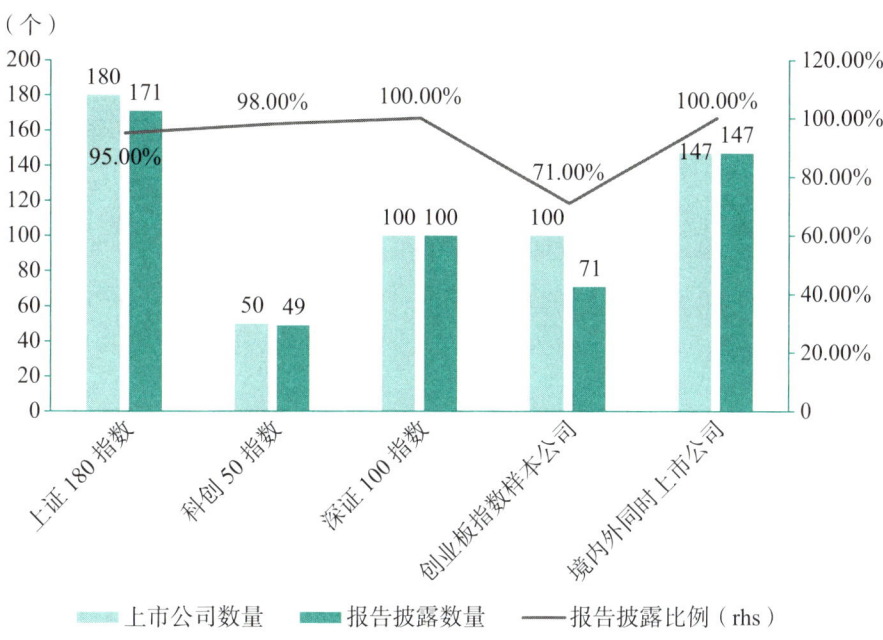

图2-4 强制披露样本企业报告披露情况

2025年1月，沪深北证券交易所分别发布了《可持续发展报告编制指南》，包括《第一号 总体要求与披露框架》《第二号 应对气候变化》。作为《可持续发展报告指引（试行）》的具体应用指南和辅助参考，指南对重要概念解释、主要实施步骤、相关参考索引进行说明，帮助上市公司更好地理解披露要点和示例，持续提升可持续发展信息披露质量。

（2）香港联交所

2011年12月，香港联交所就《ESG报告指引》刊发咨询文件征询各界意见，并于2012年8月将《ESG报告指引》正式稿纳入《上市规则》附录，围绕环境质素、环境保护、营运惯例、社会参与四方面内容向上市公司提出自愿性披露建议。2015年12月，香港联交所对《ESG报告指引》进行重要修订，要求发行人在年报或独立报告中阐述ESG内容，并重新分类为环境和社会两个主要范畴，将每个层面的一般披露责任、主要范畴环境的关键绩效指标提升至"不遵守就解释"的层面，2019年及以后继续强化ESG信息披露要求，包括强制董事会层面的信息披露，将社会关键绩效指标提升至"不遵守就解释"的层面，强制要求披露董事会层面信息，董事会需对ESG事宜的考量有明确的董事会声明，有关汇报原则重要性、量化、一致性的应用等。

2021年11月，香港联交所刊发《气候信息披露指引》，将TCFD的多个主要建议纳入ESG汇报规定，指导上市公司披露气候相关信息。2024年4月，香港联交所刊发《优化环境、社会及管治框架下的气候相关信息披露》的咨询总结，经修订的《上市规则》在附录C2《环境、社会及管治报告守则》（简称《ESG报告守则》）中增加D部分：气候相关披露，分阶段按照管治、策略、风险管理、指标及目标的四要素开展气候信息披露，披露时间安排详见表2-7。2025年5月29日，香港联交所发布《董事会及董事企业管治指引》，对董事会下设的可持续发展委员会职责进行说明，要求董事培训必须包含企业管治及ESG主题培训，强调董事了解可持续发展、气候相关事宜的重要性，并明确企业经营潜在风险来源包括重大的ESG风险。

香港联交所自纳入ESG相关披露要求至今已历经多次修订，披露要求日趋严格，逐步扩大强制披露范围。

表2-7 气候相关披露的披露时间规定

发行人类型	范围1和范围2温室气体排放披露	范围1和范围2温室气体排放以外的披露
大型股发行人（如恒生综合大型股指数成分股的发行人）	强制披露（2025年1月1日或之后开始的财政年度）	不遵守就解释：2025年1月1日或之后开始的财政年度 强制披露：2026年1月1日或之后开始的财政年度
主板发行人（除大型股发行人外）		不遵守就解释：2025年1月1日或之后开始的财政年度
GEM发行人		自愿披露：2025年1月1日或之后开始的财政年度

4. 行业相关ESG政策

ESG具有行业属性，不同行业的ESG信息披露要求存在差异，我国早期尚无国家和区域层面统一的披露规则，行业相关ESG规则和政策以团体标准形式为主。银行业作为我国最早参与绿色金融的行业，各类型银行广泛参与绿色信贷发放、绿色债券发行与投资，积极采纳《赤道原则》（EPs）并将ESG因素纳入业务管理，是我国最早也是最完整规范披露ESG相关信息的行业。中国人民银行于2021年7月发布《金融机构环境信息披露指南》作为金融行业标准，对金融机构环境信息披露形式、频次、定性及定量信息等方面提出要求，根据各金融机构实际运营特点，对商业银行、资产管理、保险、信托、期货、证券等金融子行业定量信息的测算方法及依据提出指导意见，鼓励金融机构每年至少披露一次与环境相关的信息。

此外，2022年，由银保监会印发的《银行业保险业绿色金融指引》，积极引导银行、保险机构加大对绿色、低碳、循环经济的支持，防范ESG风险，提升自身ESG表现，从组织管理、政策制度及能力建设、投融资流程管理、内控管理、监督管理等方面明确绿色金融政策要求，是指导我国银行业保险业金融机构未来发展绿色金融的重要文件。中国证券投资基金业协会、中国信托业协会和中国保险行业协会在近年分别发布了《绿色投资指引（试行）》《绿色信托指引》《绿色保险分类指引（2023年版）》和《保险机构环境、社会和治理信息披露指南》，引导在机构管理中融入ESG因素，提升自身ESG表现。

部分行业通过行业协会或与外部机构合作，发布行业ESG信息披露指南或团体标准，系统梳理行业特色内容，开展ESG披露与评价等工作。

表2-8 近年发布的行业ESG信息披露指南

发布机构	指南/标准	发布时间
山东省装备制造业协会	《企业ESG可持续发展报告披露指南及企业ESG审计评价体系 第1部分：报告披露指南》	2023年1月
中国企业改革与发展研究会	《企业ESG报告编制指南》	2023年2月
中关村材料试验技术联盟	《建筑材料企业环境、社会及公司治理（ESG）报告指南》	2023年3月
中国特钢企业协会	《钢铁企业环境、社会和治理（ESG）第1部分 信息披露》	2023年6月
中国技术经济学会	《融资租赁企业环境、社会及治理（ESG）报告指南》	2023年7月
天津市环保产品促进会	《ESG信息披露细则》	2023年8月
中国投资协会	《能源企业ESG信息披露标准》	2023年8月
上海医药行业协会	《医药企业ESG信息披露指南》	2023年8月

二、ESG政策与准则

续表

发布机构	指南/标准	发布时间
中国电子商会	《电子信息企业环境、社会及公司治理（ESG）报告编制指南》	2023年9月
广东省应对技术贸易壁垒协会	《ESG可持续金融信息披露规范》《ESG企业供应链信息披露规范》《ESG企业气候变化财务信息披露技术规范》	2023年10月
中关村不锈及特种合金新材料产业技术创新联盟	《钢铁企业环境、社会和治理（ESG）第1部分 信息披露》	2023年12月
中关村智慧能源产业联盟	《能源企业ESG披露指南》	2023年12月
中国中小企业协会	《太阳能光伏产业链企业环境、社会及治理（ESG）第1部分 信息披露》	2024年1月
中国核安全与环境文化促进会	《涉核企业ESG信息披露指南》	2024年1月
中国畜牧业协会	《畜牧企业环境、社会、公司治理（ESG）信息披露指南》	2024年1月
陕西省企业联合会	《陕西省国有企业环境、社会和治理（ESG）信息披露指引》	2024年2月
中国中小企业协会	《中小企业ESG信息披露指南》	2024年2月
上海市工业经济联合会	《企业ESG环境、社会、治理报告编制指南》	2024年3月
中国能源研究会	《能源企业可持续发展（ESG）披露指标体系和评价导则》	2024年5月
中国石油和化学工业联合会	《石油化工企业环境、社会和治理（ESG）披露评价规范》《石油化工企业环境、社会和治理（ESG）披露指南》	2024年6月
中国汽车工业协会	《中国汽车行业ESG信息披露指南》	2024年6月
中国纺织工业联合会	《纺织企业ESG披露指南》	2024年7月
中国有色金属工业协会	《有色金属企业环境、社会及治理（ESG）信息披露指南》	2024年11月

续表

发布机构	指南/标准	发布时间
中国互联网协会	《互联网企业社会责任及ESG信息披露评价指南》	2024年12月
深圳市生命科技产学研资联盟	《医疗器械企业ESG报告编制指南、医疗器械企业ESG披露指南》	2024年12月
中国化工情报信息协会	《中国石油和化工行业ESG报告编制指南》	2024年12月
中国环境科学学会	《企业环境、社会、治理（ESG）信息披露指标体系》	2025年1月
上海市开发区协会	《产业园区ESG信息披露指南》	2025年4月

除了行业ESG信息披露标准之外，部分行业开始探索建立ESG管理体系、ESG企业合规治理体系、ESG投资管理流程、ESG投资评估、ESG尽职调查、ESG审计评价方面的规范或指南，全方位提升企业ESG管理能力，做实做细ESG数据、信息收集记录，使企业发布ESG报告的内部工作更加清晰规范和有理有据。

5. 地区ESG工作进展

2024年以来，上海、北京、苏州工业园区、天津港保税区积极响应我国推动ESG工作的号召，出台了区域ESG工作方案，明确地区内ESG体系建设方案、具体任务与时间规划。

以苏州工业园区为例，园区鼓励企事业单位践行ESG理念，打造ESG数字服务平台；推动企业构建ESG管理体系和报告制度，对规范披露ESG报告的企业、获得国内外主流ESG评级A级（含）以上的企业给予奖励；对在园区内设立ESG项目、符合ESG产业发展方向的企业提供落户奖励；

二、ESG政策与准则

建设苏州工业园区ESG产业创新中心，支持产业集聚、企业招引ESG领域专业人才及支持金融机构创新金融产品和服务，给予奖励和政策支持，并为ESG评级领先企业推出"ESG发展金融支持计划"，对可提升企业ESG能力的项目给予贷款贴息。

表2-9　地区ESG发展方案

地区及文件	发布时间	主要内容
上海市商务委《加快提升本市涉外企业环境、社会和治理（ESG）能力三年行动方案（2024—2026年）》	2024年3月	支持民营企业积极践行ESG理念，推动民营龙头企业率先开展ESG实践；引导具有涉外业务的民营企业增强ESG意识，积极参与ESG实践
苏州工业园区《苏州工业园区ESG产业发展行动计划》和《苏州工业园区关于推进ESG发展的若干措施》	2024年3月	明确优化空间布局、培育经营主体、促进创新发展、深化融合应用、扩大开放合作、营造发展生态六大工程，推出资金奖励等支持政策
北京市发展改革委《北京市促进环境社会治理（ESG）体系高质量发展实施方案（2024—2027年）》	2024年6月	到2035年，北京ESG体系高质量发展进入法治化轨道，ESG生态体系建设更加完备，成为ESG发展全国高地和国家代表性城市
天津港保税区《关于促进环境社会治理（ESG）体系发展 提升环境绩效水平工作方案（试行）》	2024年8月	设立2027年的发展目标，保税区特色产业在ESG领域实现新突破，区域ESG标准体系实践进一步丰富和深化，区内上市公司ESG信息披露率力争达到80%以上
北京市朝阳区发展和改革委员会《北京市朝阳区促进环境社会治理（ESG）体系高质量发展实施方案（2024—2027年）》	2024年11月	到2027年，朝阳区ESG高质量发展体系初步建立，各类资源要素进一步聚集，ESG特色化、产业化发展初具规模，ESG信息披露、评级和鉴证水平保持领先，ESG实践持续深化；区内上市企业ESG信息披露率力争达到90%左右，企业稳步提高国际、国内ESG评级水平，ESG鉴证试点工作有序推广，ESG金融体系逐步成熟，实现与国际接轨

续表

地区及文件	发布时间	主要内容
深圳市发展和改革委员会《深圳市推动环境社会治理（ESG）体系建设助力打造可持续发展先锋城市工作方案（2025-2027年）》	2025年3月	提出加快推动ESG体系高质量建设，助力打造可持续发展先锋城市，在构建深圳特色ESG标准体系、发展ESG投融资体系、数智化赋能ESG高质量、ESG对外合作交流方面部署工作，对国企、外贸企业、出海企业、民营中小企业等分类施策，提升ESG实践水平
厦门市人民政府《厦门市环境、社会和治理（ESG）发展行动方案（2025—2027年）》	2025年4月	提出厦门ESG发展"124"总体架构，以建成2027年"ESG发展全国领先城市"为目标，构建ESG先行实践体系、ESG市场生态体系，打造ESG绿色产业高地、ESG专业服务高地、ESG理论创新高地、ESG人才集聚高地

（三）国际组织ESG准则

ESG发展成为全球资本市场重要议题，离不开联合国环境规划署（UNEP）、全球报告倡议组织（GRI）、可持续核算准则理事会（SASB）等国际组织30多年来的共同努力。因此，汇集多个ESG信息披露标准的国际可持续准则理事会（ISSB）准则于2023年发布时收获了前所未有的关注，标志着全球ESG领域迈出具有里程碑意义的一步，提高我国及其他监管地区对ESG因素在资本市场中发挥作用的重视，进而催生了近两年国内外ESG相关政策的密集出台。

1. 全球报告倡议组织（GRI）

全球报告倡议组织（GRI）是于1997年在美国波士顿成立的国际独立组织，其起源可追溯至1989年发生在美国阿拉斯加州威廉王子湾附近的埃

二、ESG政策与准则

克森·瓦尔迪兹石油泄漏事件，油轮工作人员疏忽导致了严重的海洋污染。当时，埃克森石油公司为此支付了约20亿美元的清理费用，并额外支付了18亿美元用于生态修复和个人损害赔偿。8年之后，以非营利组织美国环境责任经济体联盟（Coalition for Environmentally Responsible Economies，简称CERES）和特鲁斯研究所（Tellus Institute）的工作为基础，在联合国环境规划署（UNEP）的支持下，GRI应运而生。组织设立初衷是建立一套问责机制，以确保公司遵循负责任的环境行为原则，随后这一机制逐渐扩展至涵盖社会、经济和治理等综合领域。

GRI于2000年发布第一版GRI指南，建立了全球首个可持续发展报告框架。GRI持续保持与联合国环境规划署、联合国全球契约（UNGC）的合作，对指南进行了多轮更新。2016年，GRI决定将可持续发展报告指南提升为制定可持续发展报告领域的全球标准（GRI可持续发展报告标准，简称GRI标准）。2021年，GRI增加了行业标准，将2016年版对环境合规（GRI 307）、人权评估（GRI 412）、社会经济合规（GRI 419）议题整合为新的通用标准GRI 2和GRI 3，将披露内容判定依据扩展为GRI 3实质性议题。2024年1月，GRI宣布，《GRI 12：煤炭行业（2022）》和《GRI 13：农业、水产养殖业和渔业行业标准（2022）》两项行业标准自2024年1月1日起正式生效；2月，GRI发布了《GRI 14：采矿业2024》行业标准。2025年6月，GRI发布《GRI 102：气候变化2025》和《GRI 103：能源2025》两项主题标准。

GRI标准体系主要包括三大部分，一是GRI通用标准（适用于所有组织），这部分标准是GRI框架的基石，为所有类型的组织提供了一个共同的报告语言和基准；二是GRI行业标准（适用于特定行业），这些行业标准根据不同行业的特点和挑战，提供了更加具体和有针对性的报告指南；三是GRI议题标准（具体议题的披露项）。议题标准是GRI框架中最具实际操性的部分，它们详细列出了各个具体议题下需要披露的信息项，涵盖了环境、社会、经济和治理等多个方面。议题标准不仅提供了每个议题下应报告的关键指标和数据点，还指导了如何收集、验证和呈现这些信息。

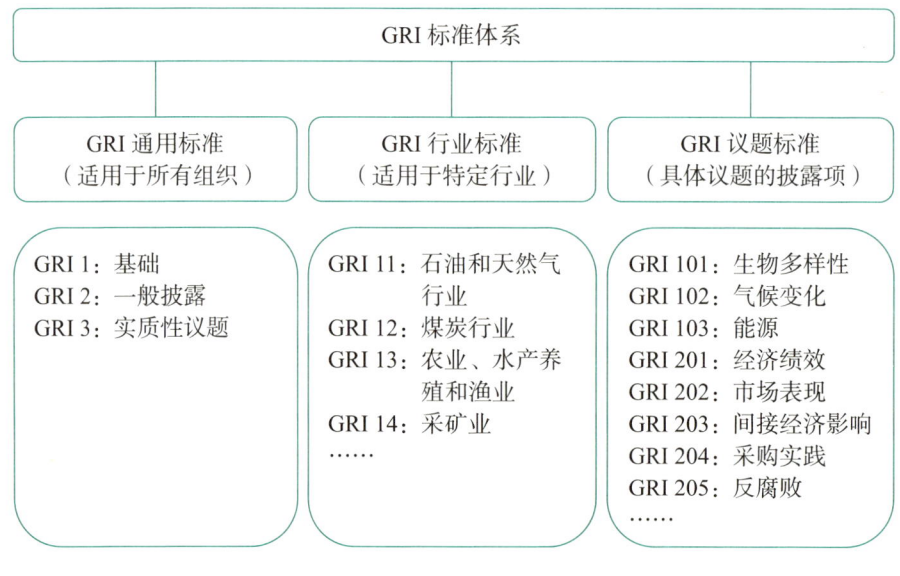

图2-5　GRI标准体系

2.联合国SDGs及ESG相关原则

在第二次世界大战战后背景下诞生的联合国，自建立之初便致力于维护世界和平、尊重各国人民平等权利、促进国际合作、促进各国友好发展。可持续发展贯穿了联合国开展的工作，其中千年发展目标（MDGs）、可持续发展目标（SDGs）影响最为深远。20世纪90年代，出现了反"血汗工厂"运动等全球企业社会责任运动，时任联合国秘书长科菲·安南注意到企业对人类与环境带来的破坏力不亚于国家，呼吁企业共同承担可持续发展责任。联合国环境规划署（UNEP）及其金融倡议（UNEP FI）为支持ESG投

二、ESG政策与准则

资、塑造ESG生态圈做了很多努力,号召金融市场运用资本力量推动可持续发展、促进企业承担社会责任。

(1) MDGs与SDGs

20世纪70年代,可持续发展的概念开始兴起,人们逐渐意识到经济发展不能继续以牺牲环境和社会公平为代价。1972年,联合国在斯德哥尔摩召开了第一届人类环境国际会议,通过了《人类环境宣言》和《人类环境行动计划》,设立6月5日为世界环境日,向全社会呼吁环境保护。

2000年9月,各国领导人在联合国总部通过了具有历史性意义的《千年宣言》,承诺将共同致力于实施8项千年发展目标,主要针对发展中国家的极端贫困、饥饿、疾病、教育等紧迫问题。中国与其他188个国家共同签署了该文件,重申中国政府将坚定支持这些目标。[①]

表2-10 千年发展目标(MDGs)

目标1:消灭极端贫穷和饥饿	目标5:改善产妇保健
目标2:实现普及初等教育	目标6:与艾滋病、疟疾和其他疾病作斗争
目标3:促进两性平等并赋予妇女权力	目标7:确保环境的可持续能力
目标4:降低儿童死亡率	目标8:制订促进发展的全球伙伴关系

---

① 中国外交部与联合国驻华系统:《中国实施千年发展目标报告(2000—2015年)》,2015年7月:03。

自MDGs确立以来，已使数亿人口摆脱了极端贫困，但它所取得的进展并不平衡，不同国家、国家内部不同群体和地区的落实情况仍存在差异。2015年9月，联合国可持续发展峰会通过了《2030年可持续发展议程》，提出17个可持续发展目标，不仅突破了MDGs主要面向发展中国家的局限，适用于所有国家，还保留了MDGs对贫困、教育、健康、性别平等和全球伙伴关系等方面的重要关注，成为指导全球2015—2030年可持续发展工作的风向标。

表2-11　联合国可持续发展目标（UN SDGs）

目标1：无贫穷	目标10：减少不平等
目标2：零饥饿	目标11：可持续城市和社区
目标3：良好健康与福祉	目标12：负责任消费和生产
目标4：优质教育	目标13：气候行动
目标5：性别平等	目标14：水下生物
目标6：清洁饮水和卫生设施	目标15：陆地生物
目标7：经济适用的清洁能源	目标16：和平、正义与强大机构
目标8：体面工作和经济增长	目标17：促进目标实现的伙伴关系
目标9：产业、创新和基础设施	

二、ESG政策与准则

自2015年以来，全球企业纷纷开始将SDGs纳入企业可持续战略中，并将每年完成工作与17个可持续发展目标的对应情况在可持续发展报告中披露。同时，GRI标准、SASB标准等也将17个可持续发展目标的内容融入其标准框架中。①

（2）联合国ESG相关原则

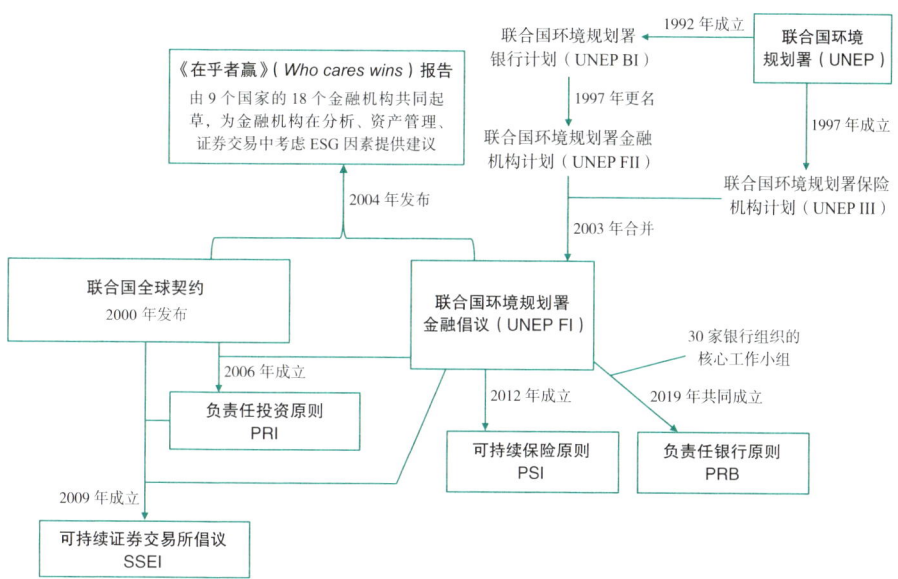

图2-6　联合国建立的ESG相关组织及原则

联合国全球契约（UNGC）： 1999年世界经济论坛期间，时任联合国秘书长科菲·安南呼吁商业领袖与联合国展开合作，推动企业共同承担可持续发展责任。2000年，联合国全球契约（UNGC）成立，其以《世界人

---

① Elalfy, A., Weber, O. and Geobey, S., "The Sustainable Development Goals（SDGs）: A Rising Tide Lifts all Boats? Global reporting Implications in a Post SDGs World", *Journal of Applied Accounting Research*, 2021, 22（3）: 557—575.

权宣言》、国际劳工组织《关于工作中的基本原则和权利宣言》、与环境和发展相关的《里约宣言》以及《联合国反腐败公约》为起草基础，制定发布十项契约原则，通过将可持续发展植入企业价值观的方式约束企业开展商业活动。UNGC是世界上规模最大的推动企业可持续发展的国际组织，呼吁全球企业履行在人权、劳工标准、环境、反腐败方面的基本责任，也为企业长期发展筑实基础。截至2025年1月，全球超过2万家企业宣布加入该组织，致力践行可持续发展，共建和分享负责任商业经验。

表2-12 联合国全球契约十项原则

原则1：企业应该尊重和维护国际公认的各项人权 原则2：企业决不参与任何漠视与践踏人权的行为	关于人权
原则3：企业应该维护结社自由，承认劳资集体谈判的权利 原则4：企业应该消除各种形式的强迫性劳动 原则5：企业应该支持消灭童工制 原则6：企业应该杜绝任何在用工与职业方面的歧视行为	关于劳工
原则7：企业应对环境挑战未雨绸缪 原则8：企业应该主动增加对环保所承担的责任 原则9：企业应该鼓励开发和推广环境友好型技术	关于环境
原则10：企业应反对各种形式的贪污，包括敲诈勒索和行贿受贿	关于反腐败

联合国环境规划署金融倡议（UNEP FI）：首届联合国环境与发展大会（地球峰会）于1992年在巴西里约热内卢召开，各国政府签署了《里约环境与发展宣言》，联合国环境规划署与多家银行发布了《银行业关于环境和可持续发展的声明书》，正式成立联合国环境规划署银行计划（UNEP BI）。1997年，该计划更新为联合国环境规划署金融机构计划（UNEP FII），同时联合国环境规划署保险机构计划（UNEP III）也正式成立。2003年，在UNEP III和UNEP FII的联合年会上，二者正式合并为联合国环境规划署金

融倡议（UNEP FI），动员金融业为可持续发展提供资金。在 UNEP FI 框架下逐步形成了基于行业、将可持续发展融入业务的原则，包括负责任投资原则（PRI）、可持续保险原则（PSI）和负责任银行原则（PRB），分别推动资产所有者与资管公司、保险机构、银行将 ESG 因素纳入业务的各个方面，引导金融助力推动可持续发展。

可持续证券交易所倡议（SSEI）：联合国贸易和发展会议（UNCTAD）、联合国全球契约（UNGC）、负责任投资原则（PRI）于2009年共同发起可持续证券交易所倡议（SSEI），构建了涵盖技术协助、咨询、政策研究的全球协作网络，推动证券交易所与上市公司、投资者、证券市场监管机构及其他国际组织共同提升 ESG 议题能力建设，促进可持续投资。可持续证券交易所倡议与其他国际组织一同为证券交易所提供可持续发展报告、绿色金融、中小企业、性别平等和其他可持续发展主题的沟通平台，为证券交易所、监管机构在制定可持续相关信息披露指南、转型计划、气候相关指标披露等方面提供支持和资源。

其官网收录了倡议成员提供的 ESG 主题培训、ESG 报告指南、设立 ESG 债券板块、ESG 相关强制挂牌要求等数据，向公众展示全球证券交易所参与可持续发展工作的努力。截至2025年5月，全球共122家证券交易所和16家衍生品交易所成为该倡议成员。[①]

3. SASB 准则

可持续核算准则理事会（SASB）是一家于2011年设立的美国非营利组

[①] 我国上海证券交易所（2017年）、深圳证券交易所（2017年）、香港交易及结算所有限公司即港交所（2018年）、上海期货交易所和上海能源交易中心（2025年）均加入了该倡议。

织，制定的ESG信息披露标准为具体行业设立了特定的可持续发展指标，从投资者角度建议企业披露对财务表现具有实质性影响且关乎长期价值创造的可持续信息。其设立的最初目的为建立标准体系以便于企业向美国证监会报送信息，帮助投资人获得同一行业内不同公司的可比非财务信息，衡量ESG议题方面的表现，从而辅助股票或基金的投资决策。2012年，SASB被美国国家标准协会（ANSI）认可为制定标准的机构，这提升了SASB在资本市场的知名度和社会认可度。经过与投资人、跨国企业持续的沟通，SASB不断完善标准并得到反馈，财务信息如同金融资本一样需要跨境流通。2017年，SASB正式成立标准委员会，进一步保证了标准制定程序规范，不断追求高质量标准。

2018年初，SASB开始鼓励全球上市公司和私营企业在与投资者交流中均使用SASB标准和指标，包括年报、公司官网的投资者板块、单独的SASB报告等，不局限于向美国证监会的信息报送。一些公司开始在企业社会责任报告或可持续发展报告中使用SASB标准披露框架。SASB于2018年末正式发布了首套具有全球适用性的可持续相关行业披露标准，覆盖77个行业。SASB准则主要包括环境、社会资本、人力资本、商业模式与创新、领导力与治理五个维度，包含26个可持续发展议题，根据不同行业的特点和需求，制定了具体的披露要求和指标，帮助企业以标准化的方式披露其ESG相关信息。

2021年6月，SASB与国际综合报告理事会（IIRC）宣布合并组建价值报告基金会（VRF）；2022年8月，该基金会并入国际财务报告准则基金会（IFRS）。

4. ISSB准则

在2021年11月3日召开的《联合国气候变化框架公约》第26次缔约方

二、ESG政策与准则

大会（COP26）上，IFRS宣布成立国际可持续准则理事会（ISSB），负责制定国际财务报告可持续披露准则（ISDS）。

2022年3月，ISSB发布两份可持续披露准则征求意见稿，对全球利益相关方开展充分的意见调研后，2023年6月26日ISSB发布《国际财务报告可持续披露准则第1号——可持续相关财务信息披露一般要求》（IFRS S1）和《国际财务报告可持续披露准则第2号——气候相关披露》（IFRS S2）。在该框架下，ISSB标准均包含气候相关财务信息披露工作组（TCFD）框架下的四项核心要素（治理、战略、风险管理、指标与目标）。IFRS S1准则"一般要求标准"适用于所有的可持续相关话题，IFRS S2准则强调排放核算工具温室气体（GHG）核算体系中的范围3的披露要求，即企业必须披露其价值链中产生的所有温室气体排放，同时充分采用SASB准则，按照跨行业要求并基于行业的要求披露可持续相关财务信息。

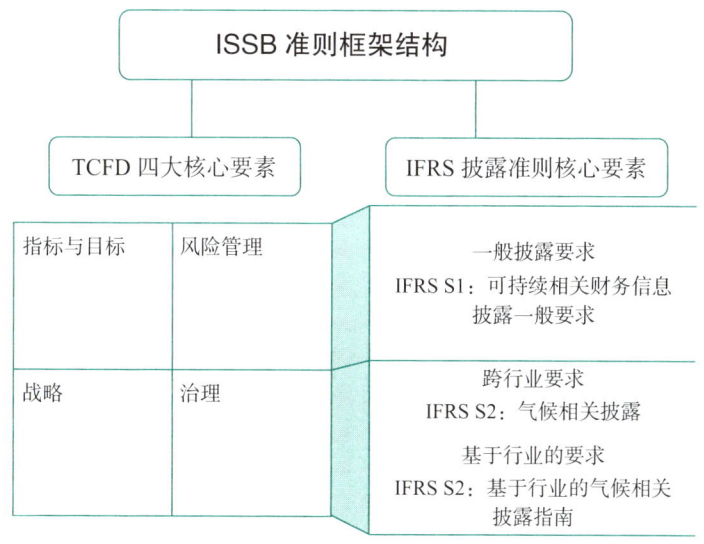

图2-7　ISSB准则框架结构

三、ESG评级与ESG投资

（一）ESG评级的发展与应用

1. ESG评级的起源与发展

随着社会和环境问题的日益严重，投资者开始认识到，企业的环境政策、社会影响和良好治理不仅对长期投资回报有重要影响，还能够减少投资风险和提升企业价值。ESG投资逐步进入投资者的视野，其早期可追溯到1999年首只全球性的可持续发展指数——道琼斯可持续发展全球指数（DJSI World），开始了ESG评级的早期实践。2006年，高盛集团发布ESG研究报告，界定了ESG投资概念，而ESG评级作为ESG投资的重要依据和方法，为投资者提供了一个评估企业ESG表现的客观工具，帮助他们识别潜在的投资机会和风险，也逐渐获得资本市场更多的关注。ESG评级的真正发展也就几十年的历程，截至目前，全球ESG评级机构有600多家，主流ESG评级机构主要包括具有指数背景的MSCI、晨星Sustainalytics，以及具有信用评级背景的穆迪、标普全球惠誉常青。

ESG评级在中国整体起步较晚，但得益于国内经济社会快速发展、政策支持及国际化的推动，目前已初具符合中国国情及战略布局的形态。截至目前，ESG评级在中国的发展主要经历了起步期（2002—2015年）、萌芽期（2015—2020年）、探索期（2020—2022年）和快速发展期（2022年至今）。2015年以前，我国上市公司年报中已经要求披露治理相关信息。2015年，中共中央、国务院提出建立上市公司环保信息强制性披露机制，国内逐渐重视可持续信息披露，并且陆续出现了一批与ESG评级相关的金融科技公司、数据供应商机构。2020年至今，我国ESG发展加速推进，国内出台的一系列政策和法规推动了ESG信息披露和评价的标准化与透明化，为本土ESG评级机构提供了更多的发展机遇。国内的ESG评级机构背景呈现多样化，包括具有信用评级背景的中诚信绿金ESG评级，具有指数背景的中证指数、华证指数，具有社会责任咨询背景的商道融绿ESG评级，以及具有数据服务背景的万得，等等。

在国家绿色发展战略的支持以及可持续信息披露政策不断完善的大背景下，我国ESG评级发展迅速，逐渐形成以下特点：一是ESG评级使用需求逐步从概念向实质过渡。以企业、地方政府为首的各类组织逐渐注重ESG的实际表现和成效，而不仅仅停留在品牌和影响力层面。ESG的实质性需求大幅增加，逐渐融入组织的日常运营与行动战略中。二是ESG评级呈多元化竞争格局。中国ESG市场既有MSCI、标普全球、CDP等国际知名评级机构开展相关业务，也相继涌现出众多本土机构，持续探索符合中国国情的评级方法和商业模式。三是ESG评级面临诸多挑战。当前国内ESG评级尚不成熟且尚未形成统一监管，仍旧面临基础信披不足、数据源分散、评级透明度不够、评级分歧较大、国际影响力不足等问题。

经过数十年的发展，全球范围内ESG评级已然取得了较大的进展，并逐步迈向规范化监管的新阶段。《欧盟ESG评级条例》[*Regulation*（*EU*）2024/3005 *on the transparency and integrity of environmental, social and governance*（*ESG*）*rating activities*]已于2025年1月1日起生效，并将于2026年7月2日全面实施，旨在规范和监管欧盟内提供ESG评级服务的机构，

三、ESG评级与ESG投资

要求欧盟内ESG评级服务机构进行注册后方可展业，同时对ESG评级机构提出透明度、质量和责任三大要求。与欧盟不同，美国证券交易委员会（SEC）并没有针对ESG评级制定特殊的法规和规定，而是依照现有的证券法规对其进行监管，主要关注ESG评级机构遵守证券法规、ESG评级机构的独立性和透明度、投资者保护等内容。需要指出的是，SEC未批准任何ESG评级机构成为官方评级机构，目前由各机构根据各自的标准和方法进行ESG评级。此外，2023年下半年开始国际ESG评级行业自律工作取得较大进展，包括新加坡金融管理局（MAS）、英国金融行为监管局（FCA）、印度证券交易委员会（SEBI）、香港证监会（SFC）等纷纷出台ESG评级与数据提供商行为准则征求意见等。国际ESG评级监管政策和趋势如下所述。

2021年11月，国际证监会组织（IOSCO）发布《ESG评级与数据供应商报告》，向评级机构提出10项操作性建议。

2022年12月，日本金融服务厅（FSA）发布针对ESG机构的世界上第一份自愿行为准则，规定了提高ESG数据和评级服务质量和透明度的原则，并涵盖内部控制机制、披露以及与接受ESG评估的公司进行沟通。

2023年6月，欧盟委员会（EC）发布的可持续金融一揽子计划中，第五部分"关于ESG评级活动的透明度和完整性的规定"提出，通过提高ESG评级特征和方法的透明度，增强ESG评级流程清晰度，防范ESG评级机构的利益冲突风险，从而提高ESG评级的质量。

2023年7月，印度证券交易委员会（SEBI）发布《ESG评级机构业务规定》，要求遵循证券交易委员会对信用评级机构的监管框架。

2023年12月，新加坡金融管理局（MAS）发布了《ESG评级和数据产品供应商行为准则》，旨在提高这些数据产品的透明度、可靠性和可比性，为投资者提供更好的决策依据。

2023年12月，国际资本市场协会（ICMA）发布《ESG评级和数据产品供应商行为准则》(*Code of Conduct for ESG Ratings and Data Products Providers*)，旨在规范不同地区的ESG评级和数据产品监管，并鼓励供应商签署行为准则。

2024年8月，英国财政大臣雷切尔·里夫斯称英国政府将在2025年出台旨在监管ESG评级机构的法律。英国财政部在8月8日发布的一份声明中予以证实。新计划中的法律将把ESG评级机构置于金融行为监管局（FCA）的监管之下。

2024年10月，香港证监会（SFC）发布了ESG评级和数据产品提供商的自愿性行为准则。

2024年11月，欧盟委员会（EC）通过ESG评级活动的新法规《欧盟ESG评级条例》，该条例要求在欧盟运营的所有ESG评级机构需要获得授权并接受定期审查，旨在通过增强ESG评级的透明度、独立性和公正性，以增强投资者对可持续金融产品的信心。

2. ESG评级的应用与挑战

经过多年发展，ESG评级已在多个领域开展探索。受国际资本市场影响和国内政策引导推动，目前国内ESG评级主要在投资决策、金融产品创新、金融信贷评估、企业风险管理、供应链管理等方面具有一定的实践经验。

在投资决策方面，ESG评级作为衡量ESG表现和绩效评估的重要方法，为投资者提供重要的参考依据。一般投资机构利用第三方ESG评价结果或者开发特定的ESG评价模型，将ESG纳入其投资目标和策略参考，以满足特定的风险管理和投资决策需求。

在金融产品创新方面,随着ESG投资逐步盛行,基于ESG评级的ESG指数、ESG基金等ESG相关金融产品应运而生,国际主流ESG评级机构推出了MSCI新兴市场ESG指数、富时社会责任指数等产品。但由于目前国内市场没有统一的ESG基金定义,叠加不同机构的ESG基金统计标准不一致,同时投资机构相关产品信息披露不足,统计结果差异较大,存在"漂绿"行为。

在金融信贷评估方面,随着2022年银保监会《银行业保险业绿色金融指引》、2024年国家金融监督管理总局《关于银行业保险业做好金融"五篇大文章"的指导意见》《关于推动绿色保险高质量发展的指导意见》的发布,银行和保险机构一直在积极探索ESG领域的创新和应用,除了在投资领域的实践,目前银行等金融机构探索将ESG评级纳入其内部信评的风险管理流程,以期从更全面的角度对信贷客户进行风险评估,并实施差异化利率管理。

在企业风险管理方面,ESG评级作为评估企业ESG绩效的综合管理工具,能够帮助企业开展风险识别与管理。通过系统分析ESG表现,企业不仅能够识别潜在风险,更能从多个维度提升可持续发展能力,包括降低运营风险、增强品牌美誉度、建立利益相关方信任、确保合规经营以及推动创新转型。

在供应链管理方面,企业尤其是产业链核心企业将供应链视为稳定发展的重要基石,通过建立标准化的管理体系并将ESG因素纳入考量,持续提升供应链韧性和可持续性。目前EcoVadis企业社会责任评级受到广泛关注,其主要从环境、劳工与人权、商业道德和可持续采购四个领域的表现进行评估,许多跨国公司将EcoVadis评级作为供应商准入标准之一,要求供应商参与评估。

ESG评级应用在取得较快发展的同时,也应清醒认识到当前在应用场景和落地方面仍面临一些挑战和困难。

国内ESG评级缺乏信心，亟须培育具有国际影响力的ESG评级机构。 国内ESG评级体系在持续演进中已初步形成符合中国国情与战略导向的形态，但在评级方法的成熟度及透明度上，相较于国际还存在一定提升空间。目前国内大型企业以及涉足国际化业务的企业，特别是被纳入国际主流指数的大型机构，更为关注国际主流ESG评级结果，相较之下，国内ESG评级竞争力稍显不足。我国本土评级机构应鼓足信心，持续探索构建符合时代要求和本土特色，并与国际标准接轨的ESG评级体系，使之能更好地反映我国企业的ESG真实表现，同时公开更加透明的方法论，从而增强市场竞争力。此外，相关部门也应结合我国实际情况与国际ESG评级监管趋势，制定相关法律法规，以规范我国ESG评级机构行为，建立相关约束机制，提升评级机构的公正度和可信度。

短期内ESG评级结果存在一致性不足，需要经过市场的长期实践检验。 由于国家发展阶段的政策和不同国家国情的差异，以及不同评级机构对于议题侧重点及指标权重设置的理解和认知存在差异，不同评级机构对同一家企业的评级结果表现出较大差异。为了提高ESG评级的一致性和可比性，多个评级机构对其评级方法进行迭代，例如，晨星公司自2016年起已两次更新其评级方法，Sustainalytics[①]于2018年从最佳实践方法转变为基于风险的方法，MSCI则每年对不同领域的ESG指标权重进行调整[②]，中诚信绿金ESG评级体系自2020年建立后也进行了适应性更新。

---

① 2020年，Sustainalytics被晨星公司收购。

② Joubrel, Mathieu, and Elena Maksimovich, "ESG Data and Scores", *Valuation and Sustainability: A Guide to Include Environmental, Social, and Governance Data in Business Valuation*, edited by Dejan Glavas, Switzerland: Springer, Cham, 2023, pp. 45-67.

（二）国际主流ESG评级方法介绍

国际ESG评级机构的发展起步较早，形成了多元化的格局，涵盖专业ESG评级机构、金融数据提供商、非营利组织及倡议机构等类型，代表性机构包括明晟（MSCI）、晨星Sustainalytics和标普全球（S&P Global）等。表3-1从各评级机构的评级结果、关键议题、数据来源、评级特点、行业分类标准几个方面进行简要对比。

表3-1 国际主要ESG评级对比

评级机构	MSCI	晨星Sustainalytics	S&P Global
评级结果	一个综合ESG评分（0~10分）和一个评级（AAA至CCC）	从"可忽略"到"严重"5个风险等级（0~100分）	0~100分
关键议题	涵盖10个主题和33个关键议题	22个重要议题，200+个指标	20+个议题，100+个评级问题，1000+个数据点
数据来源	企业公开披露信息、政府和监管机构数据、媒体等第三方数据	企业公开披露信息、第三方数据提供商、政府和监管机构披露数据、媒体信息等	企业公开披露信息、公司填报信息
评级特点	从风险暴露和风险管理两方面打分，每个行业根据其特定的风险和机遇，选择2到7个关键议题进行评估	从风险暴露的角度进行评价，得分越低，风险越小	从信息披露和ESG实践两方面评级，并对不同主体的信息披露做出要求
行业分类标准	参考全球行业分类标准（GICS）分类	基于GICS和Sustainalytics自身的行业框架	基于GICS和机构自身的方法

1. MSCI ESG评级

MSCI ESG评级[①]主要是对与公司财务相关的ESG风险和机遇的管理能力的评价。评级指标充分考虑到公司面临的潜在重大ESG风险，评估其减缓潜在ESG风险的管理体系与治理结构质量，以及为满足市场需求而提供对环境或社会有积极贡献的产品和服务。

MSCI将ESG评级划分为10个主题，33个关键议题，具体如表3-2所示。

表3-2　MSCI ESG评级议题

维度	主题	关键议题	
环境	气候变化	碳排放	气候变化脆弱性
		影响环境的融资	产品碳足迹
	自然资本	生物多样性和土地利用	原材料采购
		水资源短缺	
	污染和废弃物	电子废弃物	包装材料和废弃物
		有毒排放和废弃物	
	环境机遇	清洁技术机遇	绿色建筑机遇
		可再生能源机遇	
社会	人力资本	健康与安全	人力资本开发
		劳工管理	供应链劳工标准
	产品责任	化学安全性	消费者金融保护
		隐私与数据安全	产品安全与质量
		负责任投资	
	利益相关者异议	社区关系	争议性采购

---

① MSCI ESG Research LLC，《ESG评级方法论》，2024年2月。

三、ESG评级与ESG投资

续表

维度	主题	关键议题	
社会	社会机遇	融资可得性	医疗保健服务可得性
		营养和健康领域的机会	
治理	企业治理	董事会	薪酬
		所有权和控制权	会计
	企业行为	商业道德	税务透明度

MSCI根据全球行业分类标准（GICS），每个行业选取2到7个环境和社会关键议题进行评估，同时对治理维度的所有议题均进行评估。在选定关键议题后，MSCI对议题进行权重设定。其中，环境和社会关键议题，根据各行业对与其相关的负面外部效应的影响以及其出现风险或机遇的预期时间范围确定权重，具体如表3-3所示。

表3-3 MSCI议题权重

		出现风险/机遇的预期时间范围	
		短期（少于2年）	长期（5年以上）
对环境或社会的影响程度	重大	最高权重	适中
	较小	适中	最低权重

MSCI关于关键议题的得分，主要包含两个部分：敞口得分和管理得分。

风险关键议题的评估，敞口越大，意味着企业需要具备更高的管理水平来抵御风险，且若敞口过大，即使管理能力很强，也无法获得高评分。因此，对于风险关键议题，敞口越小，管理能力越强，得分越高。具体如图3-1所示。

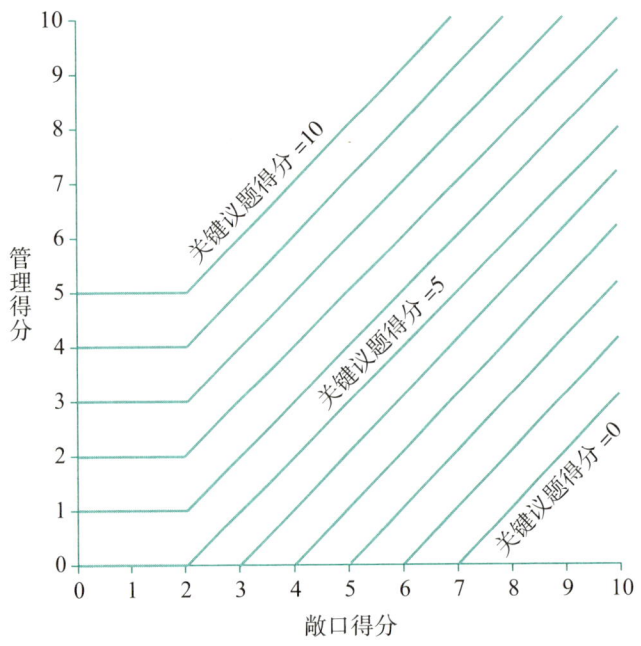

图3-1 风险议题评级方法

$$关键议题得分 = 7 - \left(\text{Max}\left(敲口得分, 2\right) - 管理得分\right)$$

机遇关键议题的评估,与风险关键议题不同。敲口越大,意味着企业越需要抓住机遇来获得高收益,若能有效管理机遇,则能获得更多收益,反之,若管理不善,则可能面临更大的损失。因此,对于机遇关键议题,敲口越大时,管理能力对议题得分的影响就越显著。具体如图3-2所示。

MSCI结合关键议题加权得分(WAKIS)和行业调整得分(IAS)共同确定ESG评级结果,MSCI ESG评级共划分为从AAA(最高级别)到CCC(最低级别)七个等级。

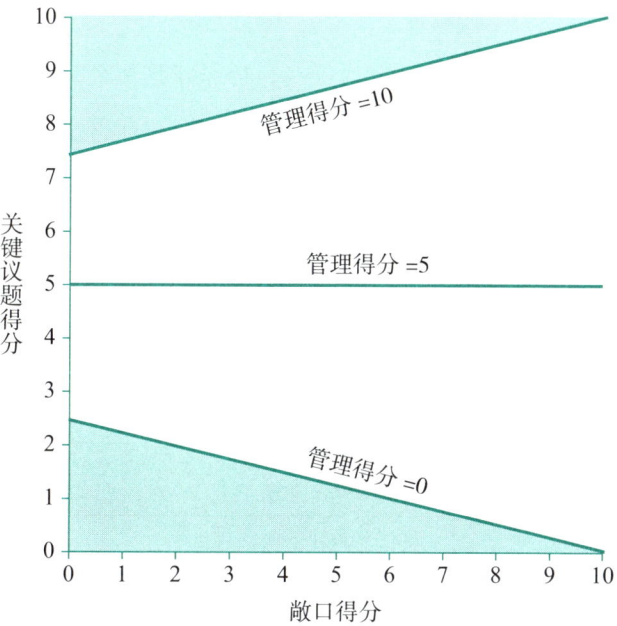

图 3-2　机遇议题评级方法

$$关键议题得分 = \left(0.5 + \frac{敞口得分}{20}\right) \cdot 管理得分 + \left(0.5 - \frac{敞口得分}{20}\right) \cdot 5.0$$

2. 标普全球 ESG 评分

2019年，标普全球完成对 RobecoSAM 旗下 ESG 评级业务——CSA 的收购，由此构建了现行标普全球 ESG 评分体系。标普全球 ESG 评分[1]旨在衡量公司在重大环境、社会和公司治理风险、机遇和影响方面的表现和管理情况基于公司公开披露信息 CSA、MSA 和模型估算进行综合评价。标普 ESG 评分采用百分制，参评企业的最终得分是基于其在 ESG 风险、机遇和影响方面

---

[1] S&P Global，S&P Global ESG Scores.

的管理表现，与同行业公司进行比较后得出的相对分数，并在此基础上，持续监控来自媒体、政府机构、监管机构、智库和其他来源的公开信息，以识别对公司声誉，财务状况或核心业务有破坏性影响的ESG争议事件。①

标普全球ESG评分采用双重重要性方法，若可持续发展议题对社会或环境产生重大影响，且对公司价值驱动因素、竞争地位和长期价值创造产生重大作用，则该议题被视为重要性议题。标普全球ESG各维度的议题如表3-4所示。

表3-4 标普全球ESG评级议题

环境维度	社会维度	治理与经济维度
生物多样性	社区关系	商业道德
气候战略	对社会医疗健康的贡献	公司治理
减碳战略	客户关系	信息安全与系统可用性
能源	金融普惠	创新管理
环境政策与管理	健康与营养	市场机遇
包装	人力资本管理	重要性
产品管理	人权	政策影响
可持续林业实践	劳工实践	产品质量与召回管理
可持续原材料	职业健康与安全	风险与危机管理
废弃物与污染物	隐私保护	供应链管理
水资源	运输安全	可持续金融
		税务战略
		透明度和报告

---

① （1）MSA：媒体和利益相关者分析（Media and Stakeholder Analysis，MSA）是标普全球企业可持续发展评估（CSA）的一个组成部分，用于评估当前可能对企业声誉或财务产生负面影响的争议，持续监控可持续性表现。

（2）模型估算：该模型模拟"若企业实际披露数据时可能获得的基于绩效的评分结果"，用于填补信息披露缺口（若企业未向标普全球披露信息或公开领域无相关数据，系统将默认给予"0"分），并将估算结果纳入标普全球ESG评分。

标普全球ESG评分以CSA问卷为核心数据源，通过特定行业问卷与企业进行交流。参评企业可向问卷提供更多支持性证据，包括公开披露之外的其他内部文件。对于未参与CSA问卷填报的企业，CSA会根据公开信息进行评分。

3. 晨星Sustainalytics ESG评级

晨星Sustainalytics ESG评级体系[①]以风险视角为核心，全面评估企业在环境、社会和治理三方面的表现，为投资者提供精准的风险分析依据。该评级体系通过分析企业面临的风险敞口与风险管理能力，重点评估企业未管理的ESG风险（Unmanaged ESG Risk），最终得出一个综合的未管理风险分数，并划分为五级风险等级：可忽略、低、中、高和严重。

晨星Sustainalytics ESG评级体系分为3个主要模块：公司治理模块、实质性议题模块和特殊议题模块。公司治理作为基础模块，适用于所有被评估企业。其反映企业在治理层面可能面临的潜在风险，是ESG风险评估的重要组成部分。治理不善通常与重大风险事件的发生密切相关，因此是风险评估的基础环节。实质性议题是核心模块，涵盖环境、社会和治理三方面的综合指标，根据企业的行业特点和实际业务，该模块仅关注与企业相关的关键议题，对不适用的议题予以剔除，从而确保风险评估的精准性与针对性。特殊议题包括不可预测的"黑天鹅"事件，如会计丑闻或其他重大危机事件，这类事件往往对企业的经济价值和长期发展造成显著影响。晨星Sustainalytics会将这些事件纳入评估范围，以全面衡量企业所面临的

---

① Morningstar Sustainalytics，Methodology Abstract ESG Risk Ratings.

潜在风险。

表3-5 晨星Sustainalytics ESG评级议题

公司治理	利益相关者治理	商业道德
数据安全和网络安全	废气、废水和废物	碳资产运营
社区关系	碳产品和服务	产品和服务的社会与环境影响
人权	人权-供应链	人力资本
土地利用和生物多样性	土地利用和生物多样性-供应链	职业健康与安全
ESG整合-财务	产品治理	复原力
原材料使用	用水-自有运营	用水-供应链
基本服务可得性		

晨星Sustainalytics ESG评级体系基于风险敞口和风险管理（评级体系中用"管理风险"表示）两个维度对以上三个模块进行评分。其中，风险敞口代表企业面临风险的大小，不同行业对不同风险因子（MRF）的敞口不同，同一行业下不同赛道的企业面临的风险因子也有一定差异，通常MRF的范围为30%~100%。风险管理旨在衡量企业面对风险时的管理能力，如化工企业在面对较高碳排放压力时仍能处理好排放量问题，表明该企业对该风险因子的管理能力较强。而风险管理又分为管理指标和事件指标，其中，事件指标可评估公司参与环境或社会争议性事件的程度。

晨星Sustainalytics ESG评级体系采用整合性框架，通过简化的指标集和预测模型，计算企业未管理风险总量，得出综合评分。此外，晨星Sustainalytics认为，单一风险指标通常会同时涉及多个维度，这使得ESG问题具有交叉性和复杂性。因此，评级体系的设计注重捕捉企业综合风险水平，以帮助投资者全面理解企业的风险敞口和管理能力。

（三）国内主流ESG评级方法及对比

1.国内评级方法概述

国内ESG起步和发展相对较晚，早期阶段外资评级机构（如MSCI等）开始对中国企业开展评级，随后一些本土的评级机构开始推出具有本土特色的评级体系。由于评级机构背景不同，其评级指标各具特色。

（1）国内ESG评级指标共性和特性概述

从共性上来看，国内ESG评级指标设计具有框架一致性和指标本土化等特点。ESG评级体系主要以环境、社会和公司治理为基础框架，从风险和管理角度进行综合评价，指标设计充分参考SDGs、GRI、ISSB、ISO、TCFD、香港联交所、国资委、沪深北证券交易所等国内外现行ESG框架或规则，既与国际主流ESG评级方法接轨，又充分融入乡村振兴、普惠金融、监管处罚等本土化内容。

从特性上来看，国内ESG评级机构在评级方法、底层数据点、级别和符号、行业标准及时效性等方面存在一定的差异。首先，从评级方法和逻辑上看，多数机构构建三级评级指标体系，但在考量因素上，部分机构将处罚、舆情等风险因素纳入评级指标考量，部分机构针对产业政策、行政处罚设置负面清单。而在议题和指标数量上，各机构也体现出一定差异，不同机构的评级议题在8~30个，评级底层数据点在200~2000个。其次，从评级逻辑上看，大部分机构通过权重设置进行不同行业风险特征衡量，少数机构通过对不同行业给予相应的行业基础分进行差异化分析。此外，从评级结果来看，主要呈现"0~100""0~10""AAA-CCC""A-D""高、中、低"等多种方式。最后，不同机构在制定行业评分方法过程中，会参考不同的行业分类标准，主要包括国家统计局《国民经济行业分类》、证监会《上市公司分类指引》、全球行业分类标准（GICS），以及申万等金融机构和中诚信国际等评级机构发布的行业分类。

（2）中诚信绿金ESG评级方法简介

中诚信绿金ESG评级模型由ESG基础评级模型和对受评主体产生ESG相关影响的外部因素调整组成。首先，基于ESG量化评级模型对受评主体进行ESG评级指标评分，通过加权计算得到受评主体的ESG基础级别；其次，结合相关外部影响因素，对ESG基础级别进行综合调整，形成最终的评级结果。

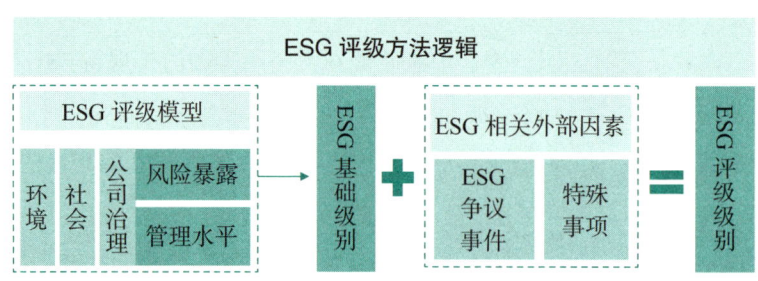

图3-3　ESG评级方法逻辑

ESG评级模型主要根据环境、社会、公司治理三个维度中的重要ESG因子搭建指标体系，并通过对受评主体各指标的加权评分得到ESG风险综合评分结果，形成ESG基础级别。ESG因子选取遵循可比较、可衡量、可判断、可分析的原则，同时充分考虑受评主体在环境、社会、公司治理三

三、ESG评级与ESG投资

个维度的潜在风险，按照科学、实用与合理原则，形成ESG评级指标体系，如图3-4所示。

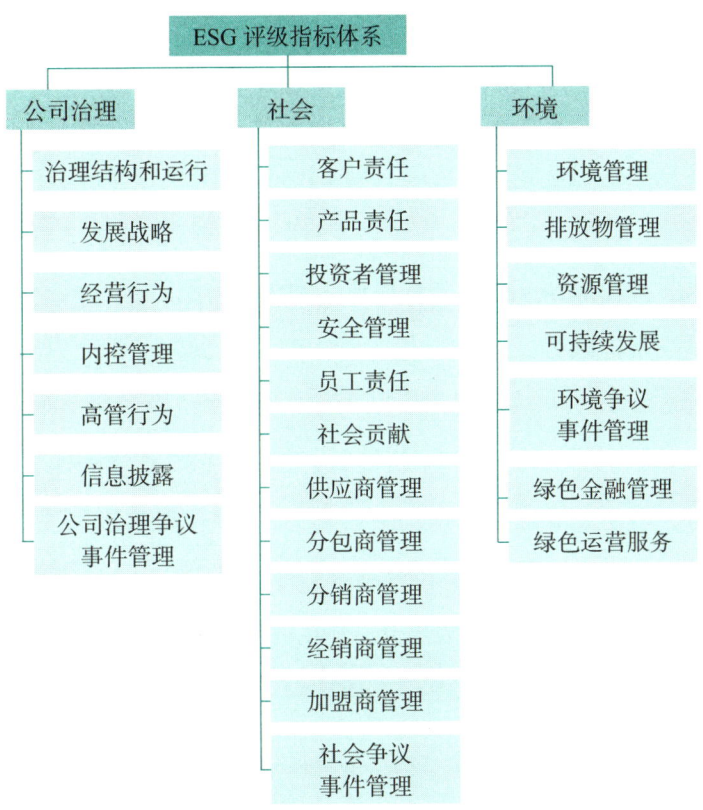

图3-4 中诚信绿金ESG评级指标体系

中诚信绿金通过历史回测法、熵权法和层次分析法等综合方法确定指标权重。其指标覆盖定量和定性两类，根据指标含义与评分目的选择不同的评分方法评估企业表现，并结合政策变动和重大事件等外部因素动态调整，确保评级结果的客观性和全面性。ESG评分结果对应的等级共七级，从AAA（表现领先）至C（表现落后）。

（3）上市公司ESG评级表现

根据中诚信绿金ESG评级方法对A股和中资港股上市公司进行评级，评级结果显示，2022年至2024年，A股和中资港股上市公司ESG评级稳步提升，高级别（A级及以上）公司比例显著增加，低级别（B级及以下）公司比例则明显减少，中等级别（BB和BBB）的公司则趋向于集中至BBB级别。其中，A级及以上公司比例从2022年的6.24%上升到2023年的12.93%，并在2024年进一步增加到19.89%。与此同时，B级及以下公司比例则呈现下降趋势，从2022年的18.62%降至2023年的9.33%，再降至2024年的6.36%。

整体来看，近三年A股和中资港股上市公司ESG评级表现呈现稳步提升的趋势，但超七成上市公司仍主要集中在BB与BBB级别区间。其中，治理维度表现整体较为突出，A级及以上占比超50%；社会维度表现分布较为均衡，较2022基年有较大提升；环境维度表现有所提升，但仍呈现明显的拖尾效应，需要进一步改善。

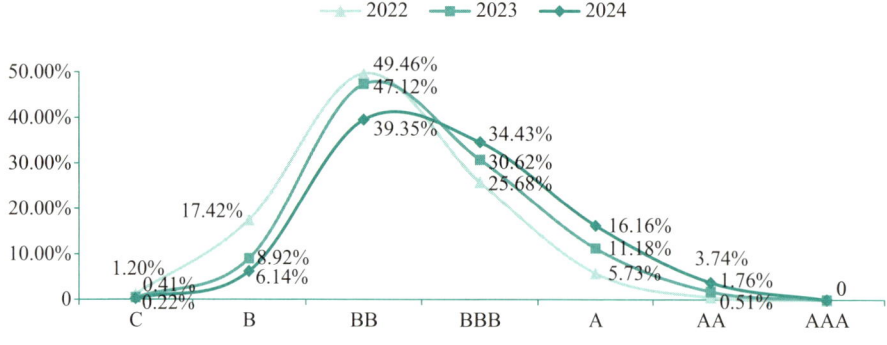

图3-5　2022—2024年A股和中资港股上市公司ESG评级表现

2. 国内外ESG评级方法对比

对比国内外主要评级体系，可以发现国内评级发展相对较晚，多基于国际评级体系发展，但具有符合中国企业特点的本土特征。总体而言，国内外评级体系的相似点在于均按照环境、社会和公司治理三大维度设计体系，指标体系中均将气候变化作为核心评估维度，均通过行业差异化设置权重，形成了可衡量可对比的级别或分数结果，数据来源均涵盖企业公开披露数据和风险数据。同时，国内外评级体系在一些方面也存在显著差别，比如，国内评级体系通常增设契合中国发展导向的乡村振兴、中小企业平等、普惠金融等议题；其次，在关键议题权重和关键指标评价方法上，国内外评级存在显著差异，特别是对国有企业属性的认知差异，也是国内外评级结果相关性较低的主要原因之一。

中诚信绿金统计分析，国际主流评级机构对国有企业的ESG评级普遍偏低。基于国际主流评级机构1093家上市公司的ESG评级结果结果，截至2024年1月，民营企业在ESG表现方面显著优于国有企业。

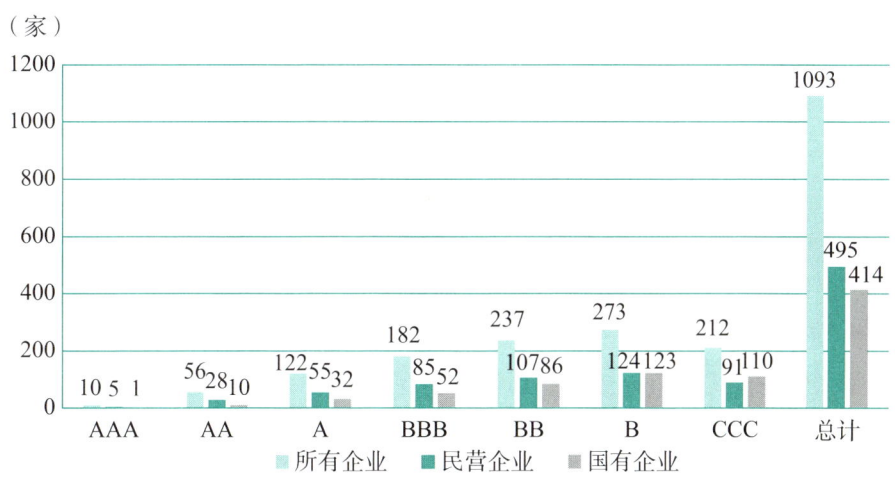

图3-6　2024年国际主流评级机构对不同属性上市公司ESG评级的结果对比

（四）ESG投资政策推动与发展现状

ESG投资是指在投资决策中系统性地将环境、社会和治理三个维度的非财务因素纳入评估，实现财务回报与可持续发展的平衡。其不仅关注经济效益，还强调对环境效益的提升、社会效益的优化以及公司治理绩效的强化。

1. ESG投资政策

（1）ESG投资起源

ESG投资的兴起可以追溯到20世纪70年代，这一时期的社会背景深受第二次世界大战后全球经济重建和社会变革影响。随着经济的快速发展，社会对企业责任的认知逐渐深化，公众开始关注经济活动对社会道德、环境保护以及人类发展的影响。在这一背景下，资本市场中的投资者，尤其是宗教团体和非政府组织，开始反思传统投资模式。他们认为，投资不应仅是追求利润的工具，更应体现投资者的伦理价值观。因此，他们主张将道德标准和社会责任纳入投资决策，主动规避与自身价值观相悖的公司或行业投资。

1971年，全球首只责任投资基金——Pax World Fund的成立，标志着可持续投资的正式起步。人们对环境问题和劳工权益的关注，推动了社会责任投资（SRI）的兴起。1987年，联合国世界环境与发展委员会（WCED）发布《布伦特兰报告》，提出"可持续发展"概念，为后续可持续投资奠定理论基础。1992年，联合国环境与发展大会提出"环境与发展"议题，全球对环境问题的关注加深。随着投资者对ESG认知的深化，可持续投资进入了快速发展阶段。2006年，《负责投资原则》为资本市场提供了ESG投资的行动指引。

2015年《巴黎协定》签署，这是全球首个具有法律约束力的气候变化应对协议，强调全球气候责任，推动ESG投资迎来关键转折点。受其影响，气候相关财务信息披露工作组（TCFD）于2017年发布《气候披露建议》，为投资者提供气候风险评估框架，推动气候信息披露制度化。各国在《巴黎协定》框架下制定了碳中和目标和绿色金融政策，如《欧洲绿色协议》和中国的"双碳"目标。欧盟开启了最全面的监管措施，在2018年启动可持续金融行动计划（SFAP）。该计划有三个核心目标：调整资本流向可持续投资、将可持续发展纳入主流风险管理，以及促进透明度和长期主义投资。

（2）国际ESG投资政策动态

近几年，ESG投资监管趋严。欧盟2020年通过了《欧盟分类标准》和《欧盟气候基准条例》，2021年通过了《可持续金融信息披露条例》（SFDR），对资产管理公司和其他金融市场参与者规定了强制性的环境、社会和治理信息披露义务。SFDR引入了可持续投资产品（通常称为第9条产品）和具有ESG特征的产品（所谓第8条产品），为金融市场参与者和投资顾问创建了一个新的可持续发展相关披露框架，涉及在投资过程中整合可持续发展风险和考虑不利的可持续发展影响。这些监管措施的目的是引导资本流动，以支持2050年向"净零排放"过渡，同时防范"漂绿"行为。

美国对ESG投资的态度呈现出明显的政治周期性和政策摇摆特征，不同时期的监管立场差异显著，导致ESG投资环境高度不稳定。但其监管机构对ESG投资行为的审查并未放松，反而呈现趋严态势。2021年3月，美国证券交易委员会（SEC）宣布设立气候变化和ESG特别工作组（Climate and ESG Task Force），以"积极识别与ESG相关的不当行为"，并开展了积极的行动。2022年11月，SEC在其官网公布一则处罚高盛资产管理公司的案例，并开出了400万美元的罚单。处罚原因是高盛资产管理公司被指提供ESG误导性信息，在ESG投资方面误导客户，所涉及的两个共同资金和一个单独管理的账户未能遵守ESG投资的相关政策和程序。2023年9月，SEC宣布，德意志银行的资产管理子公司DWS因在旗下基金的ESG整合方面发表了具"严重误导性"的声明，而被SEC处以1900万美元罚款。在声明中，SEC表示，经过两年调查，监管机关发现DWS"在将ESG因素纳入投资产品的研究和投资建议方面做出了严重的误导性陈述"，例如，DWS曾宣称已将ESG融入公司的DNA，乃至整个投资决策过程都整合了ESG考虑因素，但SEC调查发现，DWS的投资专业人士并没有遵循公司所宣传的ESG投资流程。

（3）国内ESG投资政策动态

中国ESG投资起步较晚，但在政策的驱动下发展较快。中国早期的ESG相关投资政策为2018年中国证券投资基金业协会发布的《绿色投资指引（试行）》，提出要"建立适合自己的绿色投资管理规范"，"有条件的基金管理人可以采用系统的ESG投资方法，综合环境、社会、公司治理因素落实绿色投资"。2022年6月银保监会发布的《银行业保险业绿色金融指引》产生较为深远的影响力，提出"银行保险机构应当制定针对客户的环境、社会和治理风险评估标准，对客户风险进行分类管理与动态评估"，"强化对银行保险机构管理环境、社会和治理风险的监测分析，及时引导其调整完善信贷和投资政策，加强风险管理"。2022年9月，中国保险资产管理业协会（IAMAC）发布了ESG尽责管理倡议书，2023年出台了《尽责管理准则（草案）》，发挥机构投资者的影响力，引导包括被投资企业在内的利益相关方共同努力构建绿色发展生态圈，支持我国经济社会可持续发展，助力碳达峰、碳中和目标的实现。而2024年4月，国家金融监督管理总局发布的《关于推动绿色保险高质量发展的指导意见》，在加强保险资金绿色投资支持方面，从投资端提出涉及完善绿色投资管理体系、强化保险资金绿色发展支持、加强绿色投资流程管理等三项重点工作任务。

2. ESG投资发展现状

近年来，ESG投资快速发展，投资者越来越关注负责任投资。根据PRI 2024年报统计，截至2024年3月31日，共有5345个机构签署了PRI原则（投资机构4827名、服务提供商518名），其中中国共计140家机构加入PRI。签署方总资产管理规模达到128.4万亿美元。

从投资策略上来看，根据全球可持续投资联盟（GSIA）定义，可分为"ESG筛选（正面/负面/标准）、ESG整合、股东参与、ESG主题、影响力投资"等五大类七小类投资策略。GSIA发布的《全球可持续投资回顾报告》（*Global Sustainable Investment Review*）显示，全球可持续投资资产规模从2016年的22.9万亿美元增长到2022年的30.3万亿美元。2016—2020年的可持续投资策略由负面筛选向ESG整合发展，2022年可持续投资策略转移为企业参与和股东行动，采用企业参与和股东行动方法管理的资产总额为8.06万亿美元。其中，美国的企业参与和股东行动策略占比62%，日本占比33%，均占其策略使用第一位。

从ESG投资规模来看，2024年我国责任投资市场规模仍然保持较高速增长态势，但构成结构仍不均匀。根据《中国责任投资年度报告（2024）》，截至2024年9月末，可统计的中国责任投资市场规模合计40.31万亿人民币。其中，绿色信贷规模35.75万亿元（占比88.69%），其他责任投资规模合计4.55万亿元（占比11.29%）。

3. ESG投资发展前景

随着全球对ESG问题的关注度日益提升，可持续投资逐渐成为资本市场的重要趋势。可持续投资不仅是一种责任驱动的选择，更是一种创造长期价值的战略，其发展前景受多重因素驱动。

政策层面，各国政府和国际组织持续加码推动可持续发展。例如，《巴黎协定》设定了全球减排目标，敦促各国协同应对气候变化。欧盟《可持续金融披露条例》（SFDR）和中国《关于构建绿色金融体系的指导意见》等政策，为可持续投资创造了有利的宏观环境，使得更多资金流向符合可持续发展目标的领域。

市场需求端，可持续投资日益受到投资者的青睐。根据国际金融公司（IFC）的数据，由于社会公众对企业社会责任的日益关注，以及气候变化、资源短缺等问题引发的潜在全球经济风险担忧，全球可持续投资资产在过去十年间迅速增长，特别是在机构投资者和高净值人群的资产配置中占有重要地位。投资者逐渐意识到，忽视ESG因素可能导致财务风险，而将其纳入决策则可以更好地实现风险管理并获得长期收益。

技术进步为可持续投资提供了新的机遇。大数据、人工智能和区块链技术的发展使得对企业ESG表现的评估更加高效和透明。例如，人工智能

三、ESG评级与ESG投资

可通过分析海量数据揭示企业在环境保护或社会责任方面的实际表现。此外，区块链技术的应用可以提高可持续投资项目的资金流向透明度，增强投资者信任。这些技术创新将进一步提高可持续投资的吸引力和可操作性。

可持续投资的进一步发展也面临一些挑战。ESG标准和评级体系缺乏统一性可能导致投资者难以进行有效比较和选择。目前，各国和不同评级机构采用的ESG评级方法差异较大，加剧信息不对称性。此外，部分企业可能存在"漂绿"行为，夸大其在可持续发展方面的表现，误导投资者。制定统一的ESG评级标准并增强监管，是未来可持续投资健康发展的关键。

可持续投资预计在多个方面取得突破。随着国际社会对气候变化的应对力度持续加大，能源转型和低碳经济将成为可持续投资的核心领域。金融科技的进一步发展将推动可持续投资工具和产品的多样化，如绿色债券、ESG指数基金等。此外，投资者可持续教育和意识的提高将促使更多个人和机构将可持续投资纳入其资产配置策略。总之，可持续投资的发展不仅关乎经济效益，更是应对全球性挑战的有效手段。通过政策支持、市场推动和技术创新的协同作用，可持续投资有望成为未来资本市场的重要支柱，助力实现经济、社会和环境的全面可持续发展。

四、企业ESG报告编制

四、企业ESG报告编制

（一）基本原则

公司在编制《可持续发展报告》（或称ESG报告）披露ESG相关信息时，应遵守法律、行政法规、部门规章、规范性文件及其他业务规则的规定，及时、公平地披露信息，并保证披露信息的真实性、重要性、科学性、完整性与一致性。

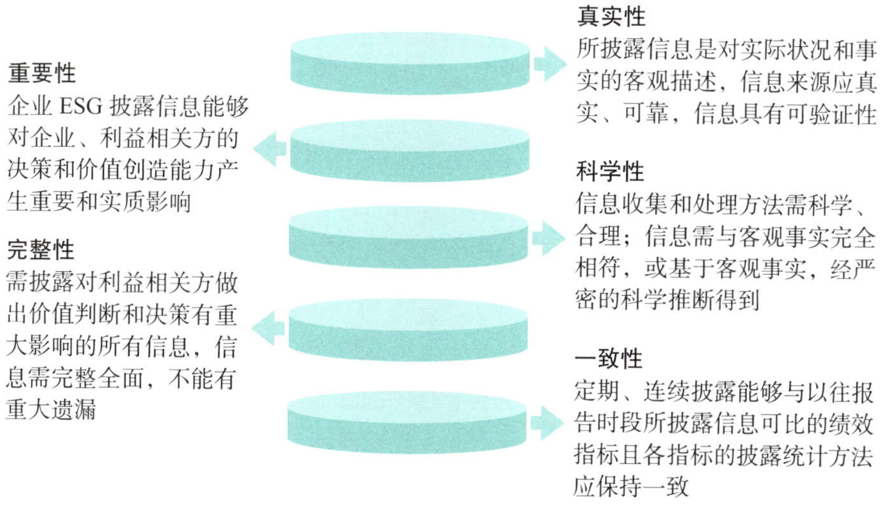

重要性
企业ESG披露信息能够对企业、利益相关方的决策和价值创造能力产生重要和实质影响

完整性
需披露对利益相关方做出价值判断和决策有重大影响的所有信息，信息需完整全面，不能有重大遗漏

真实性
所披露信息是对实际状况和事实的客观描述，信息来源应真实、可靠，信息具有可验证性

科学性
信息收集和处理方法需科学、合理；信息需与客观事实完全相符，或基于客观事实，经严密的科学推断得到

一致性
定期、连续披露能够与以往报告时段所披露信息可比的绩效指标且各指标的披露统计方法应保持一致

图4-1 《可持续发展报告》信息披露基本原则

（二）宽免情况

企业在满足基本披露原则的同时，若涉及国家秘密、商业秘密的信息，

或存在损害主体利益风险的情况，可对披露内容进行必要调整或者采取替代措施，但应在报告中专项说明原因。同时，公司应当兼顾成本的可负担性，采用与公司的能力、前期工作成果和资源相匹配的方法，收集可合理获得的信息。

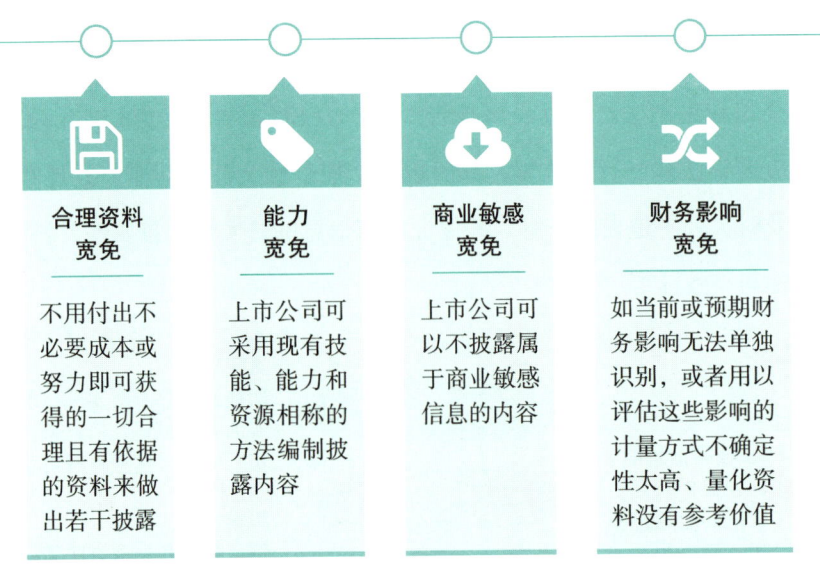

图4-2　香港联交所《ESG报告守则》中所列明的四种宽免措施

（三）报告编制流程

1. 报告编制工作流程

公司在编写报告的过程中，应建立一套系统、规范的编制流程，持续优化报告编制过程管理，提升报告质量。整体编制流程可分为：建立报告工作小组、制定报告编制计划、明确报告框架、收集与整理信息、撰写报告、鉴审报告、披露报告、总结与复盘等8个环节。

四、企业ESG报告编制

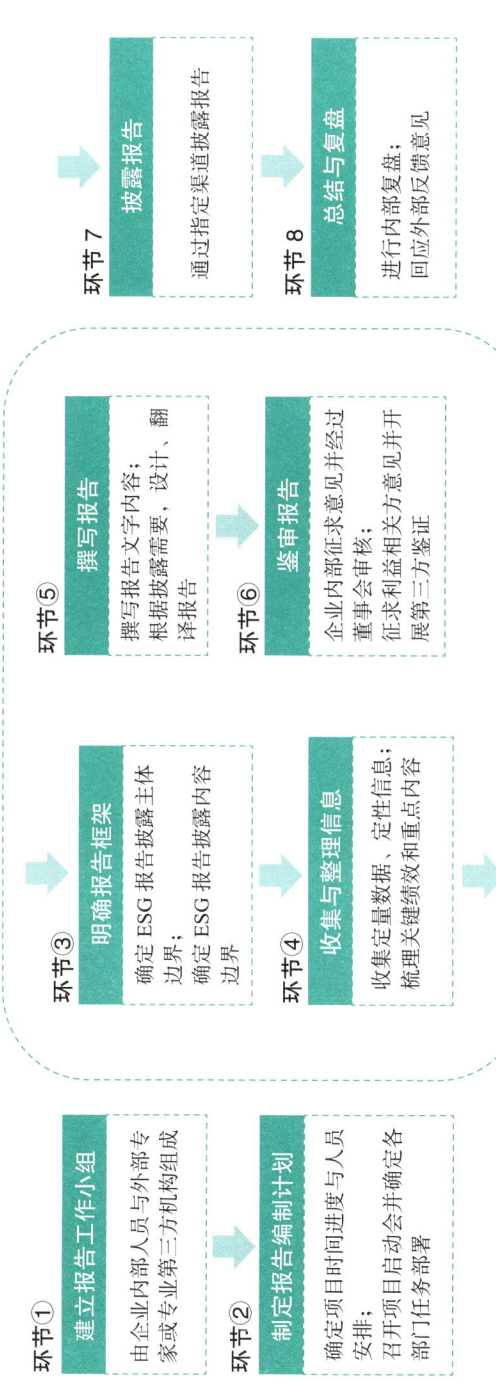

图4-3 《可持续发展报告》编制流程

公司在正式撰写报告前，需明确报告目标，确定报告框架，筛选关键议题，以及梳理报告逻辑。

- 明确报告的目的和目标读者（各利益相关方）
- 确定报告应达成的关键信息和目标

- 选择适用的可持续发展/ESG报告标准（GRI、SASB、TCFD等）和框架
- 确定报告的范围和边界（时间跨度、业务范围、区域等）

- 确定报告要覆盖的议题
- 根据公司行业特征和业务表现对议题进行优先级排序
- 选择年度亮点内容，以专题形式展示

- 保证结构的逻辑性和连贯性
- 确保所有关键议题得到体现

图4-4 《可持续发展报告》编制逻辑

2.报告编制指引选择

披露主体可根据"1+N"的原则选取ESG信息披露指引，"1"为公司信息披露所遵循的主指引，"N"则为其他可持续信息披露标准或ESG评级、

鉴证标准。在选择过程中，公司可根据所在上市区域（上市公司）、企业性质、行业特征等因素，综合选取ESG信息披露指引。为避免降低披露质量，如无特定需求，建议无须对标过多标准。

表4-1 "1+N"报告编制指引选择示例（以金融机构上市公司为例）

编制依据	类型	发布机构/评级机构	披露指引/评级体系	响应重点
上市公司监管要求		沪深北证券交易所	《可持续发展报告指引（试行）》	● 双重要性原则 ● 四大支柱披露框架（战略、影响、风险和机遇、指标与目标） ● 21个核心议题
其他可持续信息披露标准或ESG评级标准	国际指引	全球报告倡议组织（GRI）	《可持续发展报告标准》	披露指标与框架
		可持续核算准则理事会（SASB）	《SASB准则》	商业银行准则（Commerial Banks Standard）、投资银行与经纪业务准则（Investment Banking and Brokerage Standard）等金融类行业准则要求
	企业属性	国务院国资委	《央企控股上市公司ESG专项报告参考指标体系》	披露指标体系（14个一级指标，45个二级指标，132个三级指标）
	行业政策	中国人民银行	《金融机构环境信息披露指南》	环境信息的披露、核算要求
其他可持续信息披露标准或ESG评级标准	气候议题	国际可持续准则理事会（ISSB）	《国际财务报告可持续披露准则第2号：气候相关披露》（IFRS S2）	气候变化治理、战略、风险管理、指标与目标
	评级角度	中诚信绿金ESG评级	57套ESG评级模型	
		明晟MSCI ESG评级	三大支柱、十项主题和33项关键指标	

（四）报告编制框架

1. ESG报告框架

ESG报告框架通常由五部分组成，分别为：关于报告、关于公司、ESG治理、ESG实践与报告附录。其中，第四部分"ESG实践"为报告的核心内容，公司需根据实质性议题重要性评估结果，披露报告期内相关议题的管理举措及其成果（具体议题可按E、S、G三个维度划分章节，也可根据企业业务实践划分章节），以全面回应各利益相关方对公司的关切。

图4-5 《可持续发展报告》编制框架

2. ESG报告指标体系

ESG信息披露指标体系不仅是企业开展ESG信息披露需要收集的定性、定量数据的集合，还是划分议题类型的依据。根据全球报告倡议组织（GRI）《可持续发展报告标准》、沪深北证券交易所《可持续发展报告指引（试行）》、国务院国资委办公厅《关于转发〈央企控股上市公司ESG专项报告编制研究〉的通知》等国内外现行ESG信息披露框架，本书结合主流ESG评级体系，梳理整合的ESG报告指标体系如表4-2所示，共包含3个维度，下设15个一级指标，37个二级指标，93个三级指标。具体指标内容和披露方法详见"五、企业ESG报告指标"。

表4-2　ESG报告指标体系

维度	一级指标	二级指标	三级指标 编号	三级指标 名称
环境	应对气候变化（E1）	应对气候变化治理体系（E1.1）	E1.1.1	应对气候变化治理
			E1.1.2	应对气候变化战略
			E1.1.3	气候相关影响、风险和机遇管理
		应对气候变化指标与目标（E1.2）	E1.2.1	应对气候变化目标
			E1.2.2	温室气体排放与管理
			E1.2.3	碳资产管理
	环境合法合规（E2）	环境合规管理（E2.1）	E2.1.1	环境合规治理体系
			E2.1.2	环境事件风险管控
		环保能力建设（E2.2）	E2.2.1	环保投入
			E2.2.2	环保培训
	污染防治（E3）	废气排放与管理（E3.1）	E3.1.1	废气排放
			E3.1.2	废气治理
		废水排放与管理（E3.2）	E3.2.1	废水排放
			E3.2.2	废水治理
		固体废物排放与管理（E3.3）	E3.3.1	固体废物排放
			E3.3.2	固体废物治理
	资源耗用与管理（E4）	能源耗用与管理（E4.1）	E4.1.1	能源耗用
			E4.1.2	能源管理
		水资源耗用与管理（E4.2）	E4.2.1	水资源耗用
			E4.2.2	水资源管理

续表

维度	一级指标	二级指标	三级指标	
			编号	名称
环境	资源耗用与管理（E4）	物料耗用与管理（E4.3）	E4.3.1	物料耗用
			E4.3.2	物料管理
	绿色发展与行动（E5）	生态环保行动（E5.1）	E5.1.1	绿色办公
			E5.1.2	环保公益
		生态系统保护（E5.2）	E5.2.1	生态系统恢复
			E5.2.2	生物多样性保护
社会	员工责任（S1）	员工招聘与就业（S1.1）	S1.1.1	聘用与就业管理
			S1.1.2	聘用与就业绩效
		员工待遇及权益保障（S1.2）	S1.2.1	员工薪酬福利保障
			S1.2.2	加强民主管理
			S1.2.3	员工满意度调查
		员工职业发展与培训（S1.3）	S1.3.1	员工晋升
			S1.3.2	员工培训
		员工关爱与活动（S1.4）	S1.4.1	员工关爱
			S1.4.2	员工活动
	安全管理与职业健康（S2）	安全管理（S2.1）	S2.1.1	安全管理体系
			S2.1.2	安全管理举措
			S2.1.3	安全管理绩效
		职业健康管理（S2.2）	S2.2.1	职业健康管理体系
			S2.2.2	职业健康管理举措
			S2.2.3	职业健康管理绩效
	可持续供应链（S3）	供应商管理（S3.1）	S3.1.1	供应商基础情况
			S3.1.2	供应商选择与管理
			S3.1.3	供应商赋能与激励
		供应链管理（S3.2）	S3.2.1	供应链风险管理
			S3.2.2	供应链安全保障

四、企业ESG报告编制

续表

维度	一级指标	二级指标	三级指标 编号	三级指标 名称
社会	可持续供应链（S3）	供应链管理（S3.2）	S3.2.3	绿色供应链建设
			S3.2.4	平等对待中小企业
	产品及客户责任（S4）	产品质量与安全（S4.1）	S4.1.1	产品质量管理
			S4.1.2	产品召回管理
			S4.1.3	产品可及性
		客户服务与权益（S4.2）	S4.2.1	客户权益保障
			S4.2.2	客户投诉管理
			S4.2.3	客户满意度调查
		数据安全与客户隐私保护（S4.3）	S4.3.1	信息与数据安全管理体系
			S4.3.2	信息与数据安全管理举措和绩效
			S4.3.3	客户隐私保护举措和绩效
	科技创新（S5）	研发创新管理（S5.1）	S5.1.1	研发创新管理体系
			S5.1.2	研发创新举措
			S5.1.3	研发创新绩效
		数智化转型（S5.2）	S5.2.1	数智化转型举措
			S5.2.2	数智化转型绩效
	乡村振兴与社会贡献（S6）	乡村振兴（S6.1）	S6.1.1	乡村振兴举措
			S6.1.2	乡村振兴绩效
		社会贡献（S6.2）	S6.2.1	社会贡献举措
			S6.2.2	社会贡献绩效
治理	治理结构和运行（G1）	党建引领（G1.1）	G1.1.1	党的建设
			G1.1.2	党建活动
			G1.1.3	党建赋能业务
		董事会（G1.2）	G1.2.1	董事会构成
			G1.2.2	董事会履职
			G1.2.3	董事会薪酬

续表

维度	一级指标	二级指标	三级指标	
			编号	名称
治理	治理结构和运行（G1）	管理层（G1.3）	G1.3.1	管理层构成
			G1.3.2	管理层薪酬
	治理机制与保障（G2）	可持续发展治理体系（G2.1）	G2.1.1	可持续发展治理
			G2.1.2	可持续发展战略
			G2.1.3	可持续发展影响、风险和机遇
			G2.1.4	可持续发展指标与目标
		规范治理（G2.2）	G2.2.1	风险管理
			G2.2.2	合规管理
			G2.2.3	法务管理
			G2.2.4	内控管理
	商业行为与道德（G3）	反商业贿赂及反贪腐（G3.1）	G3.1.1	反商业贿赂及反贪腐管理体系
			G3.1.2	反商业贿赂及反贪腐管理措施
		反不正当竞争（G3.2）	G3.2.1	反不正当竞争管理体系
			G3.2.2	反不正当竞争管理措施
	利益相关方管理（G4）	利益相关方识别与沟通（G4.1）	G4.1.1	利益相关方识别
			G4.1.2	利益相关方沟通
		投资者关系与权益（G4.2）	G4.2.1	股东权益
			G4.2.2	债权人权益
			G4.2.3	投资者关系管理
		信息披露管理（G4.3）	G4.3.1	信息披露情况
			G4.3.2	信息披露质量

（五）实质性议题的评估与管理

1. 实质性议题的概念

实质性议题，来源于英文词"Materiality"，相关讨论最早出现于20世纪30年代，最初内涵仅限企业的财务信息范畴，随着可持续发展成为全球共识，企业的非财务信息逐步纳入实质性议题范畴，成为利益相关方关注的新焦点。

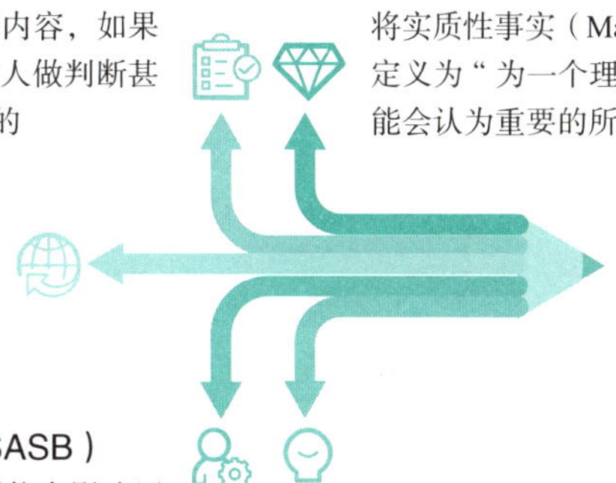

美国证券交易委员会（SEC）
财务报告中纳入或者调整的某项内容，如果遗漏或误报足以影响审阅报告的人做判断甚至改变判断，则该项目是实质性的

美国的最高法院
将实质性事实（Material Facts）定义为"为一个理性的股东可能会认为重要的所有事实"

全球报告倡议组织（GRI）
反映了报告组织的重大经济、环境和社会影响，或者对利益相关方的评估与决定有重要影响的事项

可持续核算准则理事会（SASB）
如果遗漏、误报或模糊信息可能会影响用户根据其对短期、中期和长期财务业绩和企业价值的评估做出的投资或贷款决策，则该信息对财务有实质性影响

气候披露标准委员会（CDSB）
在以下情况下，环境信息是实质性的：其描述的环境影响或结果，考虑到其规模和性质，预计会对组织的财务状况和运营结果及其执行战略的能力产生重大的正面或负面影响；忽略、误报或掩盖这一环境信息可能会影响报告用户根据针对特定报告机构的主流报告做出的决定

图4-6 国际机构"实质性"概念

2023—2025年，国内外多个ESG信息披露准则被更新和修订，ESG实质

性议题的识别和判断，呈现从影响重要性原则过渡至双重重要性原则的趋势。

表4-3 实质性议题重要性原则相关指引概览（2023—2025年）

准则	生效时间	重要性原则	适用范围
GRI《GRI3：实质性议题2021》	2023年1月1日	影响重要性	私营企业、公共部门机构、非政府组织"遵循"或"参照"两种模式
国务院国资委办公厅《关于转发〈央企控股上市公司ESG专项报告编制研究〉的通知》	2023年专项报告披露"全覆盖"	双重重要性	央企控股上市公司
香港联交所《ESG报告守则》	2025年1月1日	重要性	港交所上市企业
ISSB准则	2024年1月1日	财务重要性	根据不同行政管辖区域相应立法机构的采用情况和方式决定
ESRS准则	2024年1月1日	双重重要性	大型欧盟企业、欧盟市场发行证券企业
沪深北证券交易所《可持续发展报告指引（试行）》	2024年5月1日	双重重要性	沪深北证交所上市公司

披露主体应适应ESG信息披露发展趋势，在双重重要性原则的框架下，开展实质性议题重要性的识别和判断工作，议题重要性分析结果将直接影响可持续发展报告中各议题的披露框架与颗粒度，同时也为公司开展ESG管理实践提供方向性指导。

双重重要性的识别，即从财务重要性和影响重要性两大维度判断实质性议题的重要性程度，具有财务重要性或影响重要性的议题，均可称为"重要性议题"。

四、企业ESG报告编制

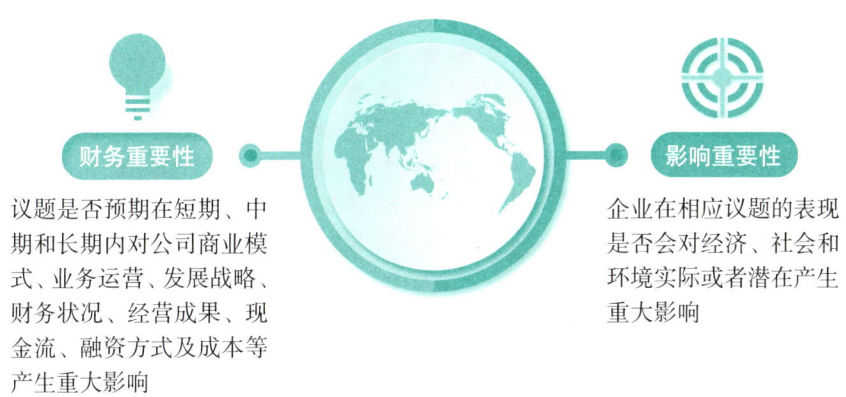

图4-7　沪深北证券交易所《可持续发展报告指引（试行）》
关于双重重要性的阐释

2.实质性议题的重要性评估

（1）重要性分析的步骤

披露主体应从"财务重要性"和"影响重要性"两个方面识别分析议题的重要性，并说明分析的过程及结果。公司可以采取一定的工作步骤开展议题重要性分析，并在实质性议题分析章节披露相关步骤（见图4-8）该部分的披露，有助于响应第三方机构鉴证或审验的要求，并提升《可持续发展报告》中所披露信息的真实性。

披露主体可以结合自身所处行业和经营业务的特点等情况，判断议题清单中的议题是否具有财务重要性或影响重要性。评估重要性的方法包括定量分析和定性分析，公司可与利益相关方沟通，咨询相关的内外部专家。当特定议题的影响重要性已成为行业共识时，公司可以直接认定这种影响是重要的，而无须对其规模、范围和不可补救性再进行深入分析。

图4-8 实质性议题的重要性分析步骤

（2）影响重要性的评估

影响重要性的信息主要是为满足受影响利益相关方的信息需求，判断披露主体的行为对经济、环境与社会（含人权）的影响程度，旨在提供有助于评估公司经营外部性的可持续发展相关信息。影响重要性评估流程可参考《GRI 3：实质性议题》的列示（见图4-9）。

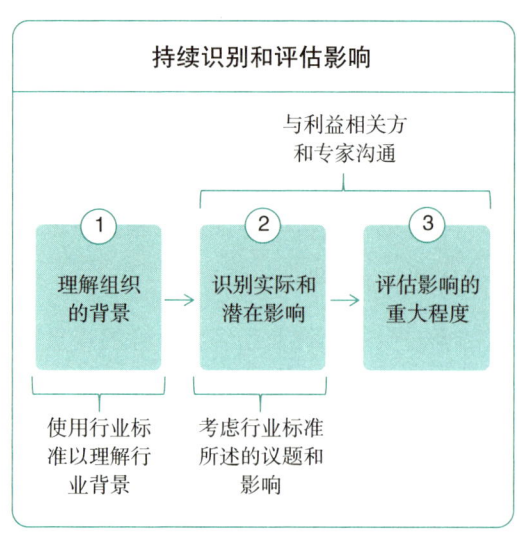

图4-9 《GRI 3：实质性议题》影响重要性评估流程

（3）影响重要性评估因素

根据《GRI 3：实质性议题》，影响的类型可划分为：实际或潜在的、消极或积极的、短期或长期的、预期或非预期的、可逆或不可逆的。

披露主体在识别、评估实质性议题的影响重要性时，无须逐一确认、披露同一议题的各类影响情况，可选择以正面影响、负面影响为分析判断的主要分类，并将其他因素纳入正面影响程度、负面影响程度的判断中。

对于正面影响，实际的正面影响重要性取决于影响的规模和范围；潜在的正面影响重要性则取决于影响的规模、范围和可能性。

表4-4　实际的正面影响重要性评估因素定义与评估阈值（示例）

规模	范围			重要性
高	高	中	低	高
中	高	中	低	中
低	高	中		
低	低			低

对于负面影响，实际的负面影响重要性取决于影响的规模、范围和不可补救性；潜在的负面影响重要性取决于影响的规模、范围、不可补救性和可能性。

表4-5　实际的负面影响重要性评估因素定义与评估阈值（示例）

规模			范围			不可补救性			重要性
高			高	中	低	高	中	低	高
高	中	低	高	中	低	高			
	中	低	高	中	低		中		中
	中		高	中	低				
		低			低			低	低

公司可根据实际情况，结合所在行业特征，设定重大性的阈值，以便更好地回应利益相关方对公司的关切。

(4) 财务重要性的评估

财务重要性的评估，核心在于评估实质性议题对企业财务报表产生的正面影响和负面影响程度，可参考财务报表编制中项目重要性的方法开展ESG实质性议题财务重要性评估。

公司需要先识别影响或可能影响公司业务运营、财务状况、经营成果及现金流等要素的风险和机遇，再评估是否产生重大财务影响。

财务重要性评估因素：财务重要性评估要结合风险和机遇发生的可能性和财务影响程度判断。其中，财务影响程度可考虑从资源使用的连续性、对持续生产经营的关系依赖性等角度进行分析。公司需特别关注ESG实质性议题识别中财务重要性时间周期与财务报表历史信息反映特性的差异，需将财务影响发生的可能性纳入整体分析范畴。

设置判定财务重要性的阈值：财务重要性的判断阈值可采用定性判断与定量判断相结合的方式，当某个议题在当前无法量化，或量化需要投入过多的成本、资源时，公司可选择定性的方法进行重要性阈值判断。

表4-6 定性阈值判断

财务当期影响	影响持续的可能性	是否具有财务重要性（假设阈值为"中等"，且更关注于当期影响）
较小	较小	否
	中等	否
	较大	否

四、企业ESG报告编制

续表

财务当期影响	影响持续的可能性	是否具有财务重要性（假设阈值为"中等"，且更关注于当期影响）
中等	较小	否
	中等	是
	较大	是
较大	较小	是
	中等	是
	较大	是

定量角度下，公司可设定绝对货币阈值或相对阈值（比率），例如，该议题对利润表中的营业收入、营业成本、利润，资产负债表中的总资产、净资产，以及现金流量表中的现金流产生正面或负面影响的金额或金额百分比，以评估判断该议题财务影响的重大程度。

利益相关方与专家参与：通过对公司股东、投资者和债权人等利益相关方开展调研、就财务重要性议题评估与阈值进行沟通，可以帮助公司确定财务重要性议题，也可通过采用跨领域专家评分机制，作为利益相关方调研的替代方案。

形成财务重要性评估结论：基于利益相关方调研或专家评分等方式，公司可以得出财务重要性评估的量化分析结果，并就特定议题形成的财务重要性评估结果与设置的重要性阈值进行比较，确定该议题是否具有财务重要性。

（5）评估结果的分析与披露

公司可通过数据统计分析方法，识别各ESG议题是否具备"重要性"，以及进行"财务重要性"或"影响重要性"评分,并在此基础上,以重要性议题矩阵的形式呈现分析结果,划分出高度重要议题、中度重要议题、低度重要议题。具体可参考图4-10披露ESG实质性议题重要性的分析结果。

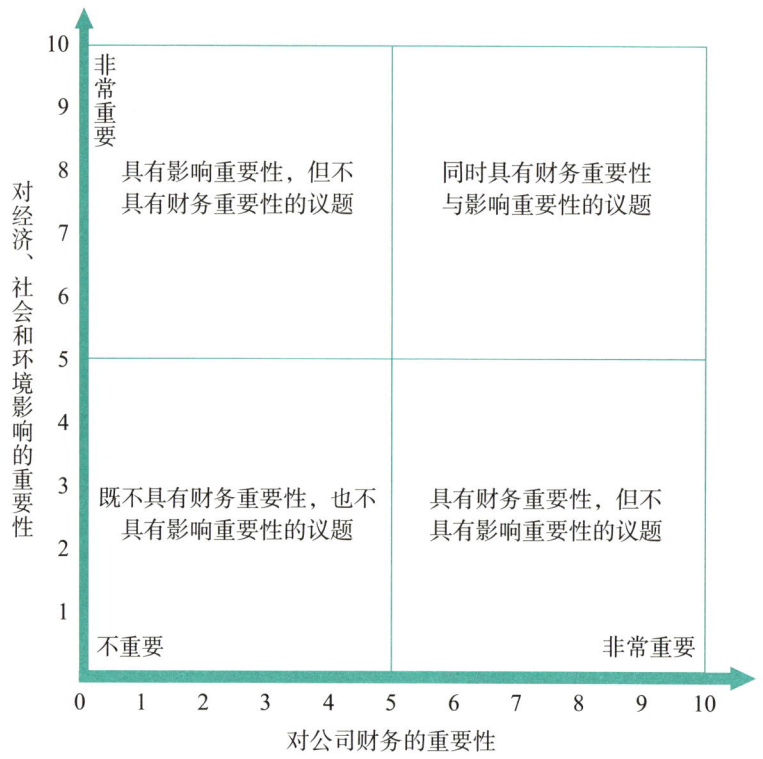

图4-10　ESG实质性议题重要性分析矩阵

图片来源:沪深北证券交易所《可持续发展报告编制指南》。

3.实质性议题调研的实务

（1）调研流程

在《可持续发展报告》撰写的实务中,为提升实质性议题重要性分析的质量与效率，披露主体多以电子问卷形式开展调研与分析工作。为更好地响应可持续发展信息披露要求，充分展示公司实质性议题重要性排序的公允性，公司应披露调研流程与关键步骤，图4-11为调研流程的一般性框架，公司可结合实际调研操作情况，进行针对性调整与披露。

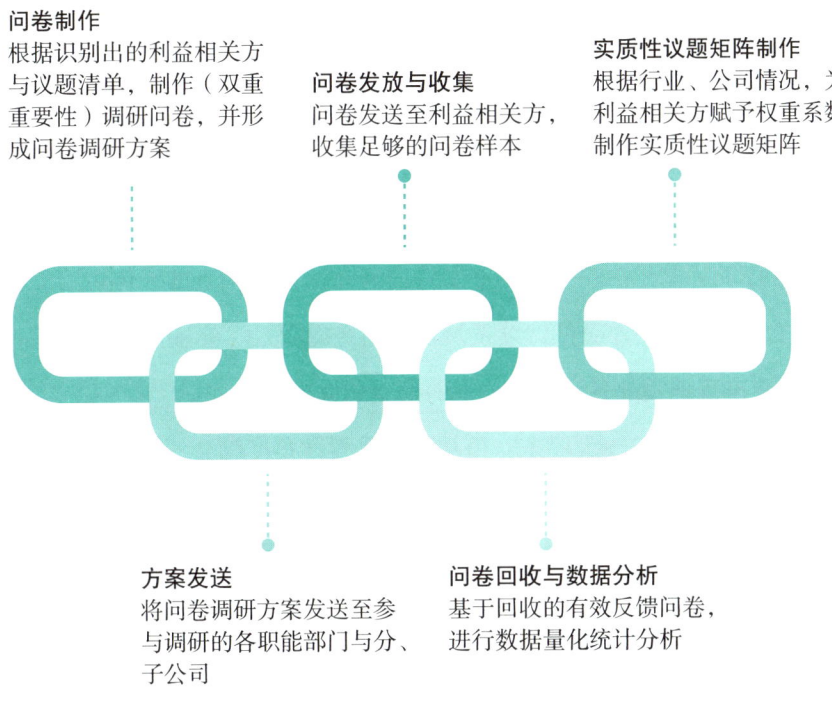

问卷制作
根据识别出的利益相关方与议题清单，制作（双重重要性）调研问卷，并形成问卷调研方案

问卷发放与收集
问卷发送至利益相关方，收集足够的问卷样本

实质性议题矩阵制作
根据行业、公司情况，为各利益相关方赋予权重系数，制作实质性议题矩阵

方案发送
将问卷调研方案发送至参与调研的各职能部门与分、子公司

问卷回收与数据分析
基于回收的有效反馈问卷，进行数据量化统计分析

图4-11 实质性议题重要性调研的流程

（2）调研对象与调研范围

调查样本量不设上限，问卷收集数量越多，所得结果越精确。披露主体应根据经营实际，明确与公司存在交互关系的利益相关方群体，并通过能够触及利益相关方群体的公司职能部门与分、子公司来发放问卷。

一般而言，可将利益相关方划分为公司董监高/前十大股东、公司员工、投资者（除前十大股东）、客户/消费者、供应商/合作伙伴、政府/监管机构、行业协会、社会公众/媒体/其他等类别。

（3）调研问卷设置

调研问卷一般由背景信息采集、实质性议题重要性的判定和其他建议三部分构成。

背景信息采集：背景信息是调查信息分析的基础，该部分用以说明调研问卷发放背景，并邀请问卷填写者选择其利益相关方的类型，在此基础上，开展后续议题重要性打分判断。

实质性议题重要性的判定：重要性的判断是问卷调查的主体内容，主要目的在于了解相关方对可持续发展议题财务重要性、影响重要性程度的判断，以更准确地反映各利益相关方的期望和诉求。

- 公司董监高/前十大股东：需从<u>财务重要性</u>角度综合评价以下可持续发展相关议题，在短期、中期和长期内对公司商业模式、业务运营、发展战略、财务状况、经营成果、现金流、融资方式及成本等产生重大影响的程度。

- 公司其他利益相关者（A公司董监高/前十大股东之外的其他受访者）：需从<u>影响重要性</u>角度综合评价以下可持续发展相关议题，在短期、中期、长期对人和环境造成实际或潜在、正面或负面的重大影响，涵盖<u>企业自身运营</u>、<u>企业上下游价值链</u>（通过产品与服务或商业关系产生的）环节等方面产生重大影响的程度。

其他建议：设置其他建议项的主要目的在于了解利益相关方对企业可持续发展工作的需求与期待、意见与建议，帮助A公司确定ESG管理的工作重点以及今后的工作方向。

（4）调研问卷发放话术

A股份有限公司
2024年可持续发展报告问卷调查

A股份有限公司（下称"A公司"）高度重视企业可持续发展，积极履行社会责任，现已启动《2024年可持续发展报告》的编制工作。为使该报告更能准确地反映各利益相关方的期望和诉求，更好评估可持续发展议题的财务重要性，推动A公司可持续发展工作的提升，我们特开展本次问卷调查活动，诚邀您拨冗参与议题财务重要性与可持续发展重要性的评估。

本问卷采用匿名形式，答案无分对错，调查结果仅用于促进公司可持续发展管理、编制，请根据您了解的实际情况或直观感受填写问卷或发表建议。问卷用时1~2分钟，问卷填写截止日期为【】月【】日。

期待您的宝贵意见，感谢您对工作的大力支持！

请点击链接直接参与：【电子问卷链接】

再次感谢您的参与和支持！

4.实质性议题的规范披露

为满足利益相关方对ESG信息的需要，披露主体应在遵循报告编制原则的基础上，参考国际通行的"治理""战略""影响、风险和机遇""指标与目标"四大披露框架，披露具有"双重重要性"或"财务重要性"的实质性议题。

（1）治理

公司应披露用于管理和监督可持续发展相关影响、风险和机遇的治理结构和内部制度，主要包括下述5个维度的信息。

- 负责管理、监督的机构、管理层设置情况，包括人员构成、职权范围、工作任务及目标等；
- 上述机构和人员的专业技能和能力；
- 信息报告机制，包括报告方式、报告频率等；
- 上述机构和人员监督管理目标设定、战略执行、目标实现进展的情况，包括内部控制制度、监督程序、监督措施及考核情况等；
- 上述机构和人员将可持续发展相关影响、风险和机遇纳入决策考虑的措施、方法等。

现行共有3种主流的ESG管理架构，包括董事会直接决策、董事会授权某个或多个现有专门委员会决策、董事会新设ESG委员会决策。[①]公司可根据现有组织架构与制度体系，搭建具有本公司特色的ESG治理体系，以有序推进ESG信息披露与管理工作。

（2）战略

公司应披露应对可持续发展相关影响、风险和机遇的规划、策略和方法，主要包括下述4个维度的信息。

---

① 详见"六、（四）——2.（1）ESG治理架构搭建——图6-4至图6-7"。

- 识别并评估在短期、中期或长期内对公司产生重大影响的可持续发展相关风险和机遇；
- 可持续发展相关影响、风险和机遇对公司战略和决策的影响；
- 可持续发展相关风险和机遇对公司当期财务影响，以及是否会对公司下一年度财务状况、经营成果、现金流产生重大影响；
- 鼓励评估并披露公司的战略及商业模式对可持续发展相关风险的适应性，包括评估方式、时间范围、评估结果等。

（3）影响、风险和机遇管理

公司应披露用于识别、评估、监测与管理可持续发展相关影响、风险和机遇的措施和流程，主要包括下述4个维度的信息。

- 公司识别、评估可持续发展相关影响、风险和机遇的方法，以及评估这些影响、风险和机遇发生的可能性、大小和影响的途径；
- 公司对可持续发展相关影响、风险和机遇的优先级排序及排序标准；
- 公司监测可持续发展相关影响、风险和机遇的情况，如管理机制、具体流程等；
- 可持续发展相关影响、风险和机遇管理流程融入公司内部管理流程的情况，以及报告期内的调整情况（如有）。

（4）指标与目标

公司应披露用于计量、管理、监督、评价其应对可持续发展相关影响、风险和机遇的指标和目标，主要包括下述2个维度的信息。

- 根据相关法律法规、本指引要求以及自身需要设定的可持续发展目标及相关指标；
- 报告期末相关目标整体实现情况以及报告期内的进展情况。

五、企业ESG报告指标

（一）环境

环境维度的信息披露，主要聚焦于企业生产经营活动对生态环境的影响，以及为避免负面影响采取的积极行动与成效，包含应对气候变化、环境合法合规、污染防治、资源耗用与管理、绿色发展与行动5个一级指标。

1. 应对气候变化（E1）

应对气候变化是指人类社会为减缓和适应气候变化所采取的一系列政策措施和行动。减缓气候变化主要是通过减少温室气体排放（二氧化碳、甲烷等）和增加碳汇，以稳定和降低大气温室气体浓度，减缓气候变化的速率；适应气候变化则是通过调整自然和人类系统，以应对已经发生和预期发生的气候变化及其影响，减少气候变化带来的风险和损失。

表5-1 应对气候变化定义

应对气候变化	示 例
减缓气候变化	使用可再生能源替代化石燃料 提高能源利用效率 创新发展低碳技术
适应气候变化	建设防洪堤坝抵御海平面上升导致的洪水 培育耐旱作物抵抗干旱

注：《联合国气候变化框架公约》将"气候变化"定义为"经过相当一段时间的观察，在自然气候变化之外由人类活动直接或间接地改变全球大气组成所导致的气候改变"。这一定义将因人类活动而改变大气组成的"气候变化"与归于自然原因的"气候变率"区分开来。

从全球环境来看，气候变化是全人类的共同挑战，应对气候变化是人类共同的事业。气候变化导致极端天气频发、生态系统受到冲击，人类的健康安全面临威胁，只有积极应对，加强气候治理，才能缓解气候危机，提升气候变化适应水平。

从企业自身发展来看，企业作为社会经济发展的重要力量，在应对气候变化中扮演着举足轻重的角色。气候变化会给企业的生产经营活动带来各种风险和挑战，如供应链中断、市场需求变化等。企业识别和评估这些风险，制定相应的应对措施，有助于保障企业的稳定发展。

从可持续发展信息披露重视程度来看，应对气候变化议题被监管机构置于非常重要的位置。例如，在沪深北证券交易所《可持续发展报告指引（试行）》第三章环境信息披露中，"应对气候变化"不仅被列为首个议题，对应条款还是所有议题中最多的；香港联交所也相继发布气候相关信息披露咨询文件、气候信息披露指引，分阶段要求上市公司基于IFRS S2披露气候信息。这些举措均体现了应对气候变化信息披露的重要性。

因此，企业披露应对气候变化信息，是顺应可持续发展趋势、积极参与全球气候治理的需要；有利于向各利益相关方展现其在应对气候变化风险和机遇方面的准备和能力，吸引优质投资，增强品牌声誉和社会认可；有利于推动自身内部可持续发展管理，助力产业转型升级；能够满足监管日益严格的合规要求，规避因合规问题造成的法律风险和经济损失。

（1）应对气候变化治理体系（E1.1）

应对气候变化治理体系（E1.1）是指企业为应对气候变化带来的风险和机遇，通过建立完善的治理架构、管理流程和战略规划，推进低碳转型和可持续发展的综合管理体系。构建完善的应对气候变化治理体系将有助于企业明确气候相关事务的职责分工，实施科学决策，合理配置资源，更好地识别、评估和管控因气候变化带来的各类风险。应对气候变化治理体系（E1.1）包括应对气候变化治理（E1.1.1）、应对气候变化战略（E1.1.2），以及气候相关影响、风险和机遇管理（E1.1.3）三个三级指标。

表5-2 应对气候变化治理（E1.1.1）

披露方式	披露内容	
定性+定量	气候相关治理机构	治理机构（董事会、专门委员会、管理层、职能部门）设置情况，一般以气候相关治理架构图呈现；治理机构的人员构成、职权范围、工作任务及目标
	气候相关治理机构（人员）专业技能和能力	治理机构和人员在执行、监督气候相关影响、风险和机遇的战略、制度等方面的专业技能和能力；提高治理机构人员相关专业技能的措施和规划
	气候相关治理机构（人员）获取信息的机制	为保障治理机构和人员及时获取气候影响、风险和机遇相关信息而建立的信息报告机制；治理机构和人员获取气候影响、风险和机遇相关信息的报告方式以及报告频率
	气候相关治理机构（人员）监督情况	治理机构和人员监督管理气候相关影响、风险和机遇的目标设定、战略执行、目标实现情况，包括内部控制制度、监督程序、监督措施及考核情况
	气候相关治理机构（人员）将气候相关因素纳入决策的情况	治理机构和人员在监督战略实施、重大交易决策、风险管理过程中，将气候相关影响、风险和机遇纳入决策考虑的措施、方法等

表5-3 应对气候变化战略（E1.1.2）

披露方式	披露内容	
定性+定量	气候相关重大影响	企业在气候方面对经济、环境和社会产生的重大影响； 企业为监测、预防、管理、控制、减缓气候相关重大影响所采取的措施和行动
	气候相关风险与机遇	企业识别出的气候相关风险和机遇，其中气候相关风险包括转型风险和物理风险； 企业识别出的每一项气候相关风险和机遇在可合理预期产生影响的时间范围，即短期、中期还是长期； 短期、中期和长期的定义，以及这些定义如何与企业用于战略决策的计划时间范围相联系
	气候相关风险和机遇对商业模式和价值链的影响	气候相关风险和机遇对商业模式、主要供应商和其他利益相关方的当期影响，并预测未来影响； 商业模式和价值链中，气候相关风险和机遇集中的领域，如地理区域、设施、资产类型、业务板块或分销渠道等
	气候相关风险和机遇对公司战略和决策的影响	企业为应对气候相关机遇和风险，在战略制定和重大决策过程中所采用的方法，如战略决策机制、管理办法等； 企业为实现相关战略目标而制订的计划以及衡量计划进展的定性、定量信息
	气候相关转型计划	企业为应对气候相关风险和机遇所制订的转型计划，及制订该计划所依赖的基本假设； 企业为应对气候相关风险和机遇而对当前和未来战略、商业模式和资源分配进行调整的情况（例如，为低碳转型增设技术研发资金、高碳资产渐进淘汰计划）； 企业已经或者计划为直接或间接应对气候相关风险和机遇所采取的措施（直接措施包括改进生产工艺、更新设备等，间接措施包括建立客户与供应链合作关系等）； 企业实施转型计划的进展情况

续表

披露方式		披露内容
定性+定量	气候相关财务影响	气候相关风险和机遇对企业财务状况、经营成果、现金流在当期（报告期间）及预期（短期、中期和长期内）的影响； 结合企业气候相关战略规划，分析预计财务状况、经营成果和现金流在短期、中期和长期内的变化趋势 *定量披露时应当结合实际情况披露具体数值或者合理的区间范围，定性披露时应当进一步解释未采用定量披露信息的原因，以及实现定量披露的工作计划、进度和时间表
	气候适应性	企业关于气候变化对其战略和商业模式影响的气候适应性的评估情况，以及应对相关影响的方法； 企业在评估其气候适应性时应考虑的重大不确定性因素，如极端天气事件发生概率、强度、路径的不确定性、政策趋势等； 企业在短期、中期和长期调整其战略和商业模式以适应气候变化的能力，如企业现有财务资源在应对气候相关风险和把握气候相关机遇时的可获得性、灵活性，企业重新配置、重新利用、升级或停用现有资产的能力，企业当前和计划在气候相关缓解、适应措施和气候适应性机遇方面投资的影响； 企业采用情景分析进行气候适应性评估的关键假设、分析过程等

注：气候适应性，指企业管理与气候有关的风险和从与气候有关的机遇中获益的能力，包括其战略适应性和应对气候相关变化或不确定性的业务适应性。

表5-4 气候相关影响、风险和机遇管理（E1.1.3）

披露方式	披露内容
定性+定量	企业评估气候相关影响、风险和机遇的方法； 企业评估气候相关影响、风险和机遇发生的可能性、大小和影响的途径； 企业进行气候相关影响、风险和机遇优先级排序的标准和结果； 企业监测气候相关影响、风险和机遇的情况，如管理机制、具体流程等； 气候相关影响、风险和机遇管理流程融入企业内部管理流程的情况，以及管理流程发生调整的情况

（2）应对气候变化指标与目标（E1.2）

应对气候变化指标与目标（E1.2）是指企业用于计量、管理、监督、评价其应对气候变化相关影响、风险和机遇的指标和目标。设定应对气候变化指标和目标，有助于企业明确自身在应对气候变化中的角色和责任，确保战略决策与目标相一致；有利于企业将应对气候变化的任务转化为具体的量化指标，便于科学管理和直观评估应对气候变化成效，同时通过跟踪和监测相关指标完成情况，分析目标与实际绩效的差距，及时调整应对策略，从而为内部决策提供明确的依据。应对气候变化指标与目标（E1.2）包括应对气候变化目标（E1.2.1）、温室气体排放与管理（E1.2.2）和碳资产管理（E1.2.3）三个三级指标。

表5-5 应对气候变化目标（E1.2.1）

披露方式	披露内容	
定性+定量	气候相关目标	企业根据法律法规、现行气候相关指引，结合自身情况设定的定性或定量具体目标内容，其中，定量目标包括绝对减排目标和基于强度的减排目标等； 气候相关目标所适用的主体范围，如适用于整个报告主体或是仅适用于特定业务单元或区域； 气候相关目标的适用期间
	气候相关目标进展	企业报告期末相关目标整体实现情况以及报告期内的进展情况，包括衡量气候相关目标进展的基准期，阶段性的气候相关目标，目标实现进展（如已完成、进程中、未完成）或报告期内目标完成度（%）等

表5-6 温室气体排放与管理（E1.2.2）

披露方式	披露内容
定性	**温室气体排放核算** 温室气体排放量核算所依据的标准、方法、假设或计算工具，温室气体排放核算标准、方法、假设等发生变化的原因及具体影响； 温室气体排放量核算的合并方法，如股权比例法、财务控制法、运营控制法等。 **温室气体排放核查鉴证** 第三方机构对公司温室气体排放等数据进行核查或鉴证情况。 **温室气体减排实践** 温室气体减排目标及目标适用的主体范围、适用期间； 温室气体具体减排措施或项目，包括管理措施、资金投入、技术开发等； 碳减排创新成果，包括有利于减少碳排放、实现碳中和的新技术、新产品、新服务以及相关研发进展
定量	**温室气体排放量** 温室气体排放总量； 按范围分类的温室气体排放量：

续表

披露方式	披露内容
定量	范围一温室气体排放量,即由企业拥有或控制的来源产生的直接温室气体排放; 范围二温室气体排放量,即企业消耗的外购电力、蒸汽、供暖或制冷所产生的间接温室气体排放; 范围三温室气体排放量,即发生在企业价值链上游和下游的间接温室气体排放; 按其他分类划分的温室气体排放量,其他分类包括但不限于业务单元或设施、国家或地区、来源类型(燃烧、加工、电力、供暖、制冷和蒸汽等); **温室气体减排成效** 温室气体减排总量; 按照范围分类的温室气体减排量,即范围一、范围二、范围三温室气体减排量; 按照减排措施分类的温室气体减排量,减排措施分类包括重新设计生产流程、改造设备、改进工艺、更换燃料等

表5-7 碳资产[①]管理(E1.2.3)

披露方式	披露内容
定性	**碳排放配额清缴情况** 是否完成碳排放权交易市场清缴履约; 是否因碳排放权清缴问题,被有关部门要求整改、立案调查或处罚; **碳信用及减排机制项目情况** 碳信用额度来源,包括国家核证自愿减排量(CCER)、各试点碳市场的碳普惠项目等; 碳信用额度抵销范围;

---

① 碳资产是指基于碳交易机制,产生的可直接或间接影响企业温室气体排放的配额排放权、减排信用额及相关活动。

续表

披露方式	披露内容
定性	全国温室气体自愿减排项目和核证自愿减排量（CCER）的登记与交易情况； 其他减排机制的项目和减排量登记与交易情况，如联合国清洁发展机制（CDM）
定量	碳排放权交易量； 碳信用额度使用量和抵销量

注：生态环境部共计发布造林碳汇、并网光热发电、并网海上风力发电、红树林营造甲烷体积浓度低于8%的煤矿低浓度瓦斯和风排瓦斯利用、公路隧道照明系统节能等6项温室气体自愿减排项目方法学，为企业自主自愿开发温室气体减排项目、核算核证项目减排效果及参与市场交易提供技术依据。

2.环境合法合规（E2）

环境合法合规（E2）是指企业在生产经营活动中，其环境管理行为必须完全符合国家及地方环境法律法规、标准规范及行政许可的强制性要求。

企业披露环境合法合规信息，是履行企业法律责任、适应环保政策及标准日趋严格的必要举措；能够回应各利益相关方对环境保护的关注，增强其对企业可持续发展的信心；有利于推动企业自身识别、评估和管控环境风险，降低突发环境事件与事故的发生概率，避免因环境问题造成重大社会负面影响。

（1）环境合规管理（E2.1）

环境合规管理（E2.1）是指企业为实现持续合法合规，建立系统化的组织架构、管理制度和操作流程，对生产经营活动中的环境合规风险进行识别、评估、预防和应对的全过程管理机制。加强环境合规管理有利于企业预防环境风险，减少因环保违法违规导致的法律后果及声誉损害。环境合规管理（E2.1）包含环境合规治理体系（E2.1.1）和环境事件风险管控（E2.1.2）两个三级指标。

表5-8 环境合规治理体系（E2.1.1）

披露方式	披露内容
定性	环境管理架构，包括环境管理机构（人员）各层级构成、职责范围、监督和汇报机制，以及环境管理人员的职业素养； 环境管理制度，包括国际环境相关框架、公约遵循情况（如《联合国气候变化框架公约》《控制危险废物越境公约》），国家和地区环境相关法律法规制度（如《中华人民共和国水污染防治法》《建设项目环境保护管理条例》），遵守情况以及企业的内部相关环境管理制度（如《环境保护责任制度》《"三废"管理制度》制定情况）； 环保方针、战略及目标，包括明确环保管理的发展方向和重点任务，拆解年度可量化、可考核环保指标与目标，评估环保工作的成效等； 企业开展环境管理体系认证的工作进程和结果，以及环境管理体系的认证范围
定量	企业取得环境管理体系认证的所有子公司数量及占子公司总量的比重

表5-9 环境事件风险管控（E2.1.2）

披露方式	披露内容
定性	环境事件风险评估及预防，包括环境风险因素的辨识、环境风险的评估与分类、制定环境重要因素清单及应急预案、开展环保安全技术交底及环保培训等措施； 企业制定的突发环境事件应急预案，包括但不限于覆盖对象、针对的事件类型、应急机制流程等，以及针对突发环境事件的应急演练情况； 突发重大环境事件的发生日期、地点和持续时间，事件等级、事件处理方式和处理结果，对企业、社会公众的影响及整改措施；

续表

披露方式	披露内容
定性	企业建立的环保监督检查机制，以及开展环保监督检查工作的情况，包括检查环保设施建设和运行情况、污染物排放情况、环境监测数据真实性、环境风险评估和应急预案的落实情况、环保宣传教育执行情况以及环保法律法规遵守情况等； 企业建立的环保隐患排查机制，以及开展排查工作的情况，包括排查形式、重点范围、频次等； 企业因环境事件受到生态环境等有关部门重大行政处罚或被追究刑事责任的情况，包括违规情形、处罚原因、处罚程度、对企业生产经营的影响以及采取的整改措施等
定量	**突发环境事件应急管理** 突发环境事件频次； 突发环境事件应急演练次数、参与人次 **环保监督检查** 环保监督检查次数； 环保监督检查下发整改指令书、整改意见数量 **环保监督检查下级公司数量、覆盖率** **环保隐患排查** 环境隐患排查次数； 环境隐患排查项数； 环境隐患整改率 **环境违法违规及入刑事件** 环境违法违规及入刑事件次数； 环保处罚罚金金额

（2）环保能力建设（E2.2）

环保能力建设（E2.2）是指企业为提升环境保护水平，通过系统性投入资源（资金、技术、设备等）和开展专业培训（知识传授、技能培养、意识强化等），构建并持续完善其环境管理软硬件基础的综合举措。加强环保能力建设，有利于企业优化物质与人力资源配置，从而提升环境管理效能。环保能力建设（E2.2）包含环保投入（E2.2.1）和环保培训（E2.2.2）两个三级指标。

表5–10　环保投入（E2.2.1）

披露方式	披露内容
定量	环保设施设备投资金额，包括污水处理设备、废气处理设备、固废处理和资源回收设施等； 污染物减排专项治理费用； 环境污染责任险投保费用； 绿色环保技术研发投入费用与占比

表5–11　环保培训（E2.2.2）

披露方式	披露内容
定性	环保培训的主题及内容，包括环保法律法规、环境管理制度流程、节能减排技术应用、环保实践等； 环保培训覆盖的对象，如按照层级划分为高层管理者、中层管理者、基层员工； 环保培训的形式，包括课堂培训、实地参观、在线学习及互动讨论、公众号宣发等
定量	环保培训次数、参与人次； 环保培训总时长、人均时长； 环保培训投入金额 *企业可按照环保培训对象，如按高层管理者、中层管理者、基层员工分类统计各量化指标

3.污染防治（E3）

污染防治（E3）是指企业通过优化生产流程和工艺、采用环保型原材料、应用先进的处理技术和设备,预防并控制生产经营活动产生的环境污染。

企业披露污染防治信息,是遵守环保法律法规、履行环境合规义务、降低运营风险的必要要求;有助于向利益相关方展示其污染物排放成效,树立良好的绿色品牌形象,提高产品市场占有率;同时为生态环境部门及社会公众提供监管监督依据,推动企业持续优化环保实践路径。

(1)废气排放与管理(E3.1)

废气排放与管理(E3.1)是指企业对生产经营过程中产生的大气污染物进行监测、统计、控制和减排的规范化管理过程,确保实际排放符合国家或地方的排放标准。废气排放与管理(E3.1)包括废气排放(E3.1.1)和废气治理(E3.1.2)两个三级指标。

表5-12 废气排放(E3.1.1)

披露方式	披露内容
定性	废气污染物排放达标情况; 废气污染物对生产运营场所内部及周边环境的影响; 因废气污染物排放受到处罚或被追究刑事责任的情况
定量	废气排放总量; 废气污染物[氮氧化物(NO_x)、二氧化硫(SO_2)、颗粒物、挥发性有机物(VOCs)]排放量,包括实际排放量和核定排放量; 废气污染物浓度,包括实际排放浓度和许可排放浓度限值; 废气污染物排放强度=各项废气污染物/企业特定指标(产值、产量、营业收入、利润总额等); 废气污染物排放浓度/强度/排放总量的下降数量和降幅

表5-13　废气治理（E3.1.2）

披露方式	披露内容
定性	主要废气污染物减排目标以及为达到相关目标所采取的具体措施； 废气污染物的处理技术和处理方式； 废气防治设施的建设、运行情况； 废气污染物环境监测方案和风险管理措施实施情况； 废气污染物治理效果

（2）废水排放与管理（E3.2）

废水排放与管理（E3.2）是指企业对生产经营过程中产生的水污染物进行监测、统计、控制和减排的规范化管理过程，确保实际排放符合国家或地方的排放标准。废水排放与管理（E3.2）包括废水排放（E3.2.1）和废水治理（E3.2.2）两个三级指标。

表5-14　废水排放（E3.2.1）

披露方式	披露内容
定性	废水污染物种类、名称； 废水污染物排放达标情况； 废水污染物对生产运营场所内部及周边环境的影响； 因废水污染物排放受到处罚或被追究刑事责任的情况
定量	废水排放总量； 废水污染物排放量［生化需氧量（BOD）、化学需氧量（COD）等］，包括实际排放量和核定的排放总量； 废水污染物浓度，包括实际排放浓度和许可排放浓度限值； 废水污染物排放强度=各项废水污染物/企业特定指标（产值、产量、营业收入、利润总额等）； 废水处理量； 废水回用量； 废水污染物排放浓度/强度/排放总量的下降数量和降幅

表5-15　废水治理（E3.2.2）

披露方式	披露内容
定性	主要废水污染物减排目标及为达到相关目标所采取的具体措施； 废水污染物的处理技术和处理方式； 废水防治设施的建设、运行情况； 废水污染物环境监测方案和风险管理措施实施情况； 废水污染物治理效果

（3）固体废物排放与管理（E3.3）

固体废物排放与管理（E3.3）是指企业在生产经营活动中，对产生的固体废物进行收集、贮存、运输、利用和处置的全过程管理，确保固体废物的排放符合国家和地方的环保标准，减少对环境的污染。固体废物排放与管理（E3.3）包括固体废物排放（E3.3.1）和固体废物治理（E3.3.2）两个三级指标。

表5-16　固体废物排放（E3.3.1）

披露方式	披露内容
定性	固体废物的分类情况，通常划分为一般固体废物和危险废物。一般固体废物又包括工业固废（主要来源于工业生产活动，如冶炼废渣、粉煤灰、炉渣、煤矸石、尾矿、脱硫石膏、污泥）、农业固废（主要来源于农业生产活动，如农业秸秆、畜禽粪便）、城市生活固废（主要来源于居民生活，如厨余垃圾、废纸张、废玻璃、废塑料、废金属）、建筑固废（主要来自建设、拆除和装修过程，如渣土、碎石块、泥浆）；危险废物是指列入国家危险废物名录或者根据国家规定的危险废物鉴别标准和鉴别方法认定的具有危险特性的固体废物，包括医疗废物、废矿物油与含矿物油废物、废酸、废碱等

续表

披露方式	披露内容
定量	一般固废产生量、危险废物产生量； 按照一般固废、危险废物具体的分类统计产生量； 一般固废处置量/率、减排量/降幅、综合利用量/率； 危险废物处置量/率、减排量/降幅、综合利用量/率； 按照一般固废、危险废物具体的分类统计处置量/率、减排量/降幅、综合利用量/率

表5-17 固体废物治理（E3.3.2）

披露方式	披露内容
定性	主要固体废物减排目标及为达到相关目标所采取的具体措施； 固体废物合理贮存、转运和处置措施，贮存措施如建造危险废物贮存设施或设置贮存场所，设置危险废物识别标志，建立管理台账等；转运措施如根据废弃物特性使用密闭式或防渗漏的车辆等；处置措施如卫生或安全填埋，高温堆肥，焚烧，委托有资质的第三方处置等； 固体废物综合利用措施，利用途径主要包括利用矿物废料做建筑、道路工程和填垫等材料，利用含碳、油或其他有机物质的废物回收能源，含土壤、植物所需元素的废物做土壤改良剂和肥料； 危险废物作为原生产过程中的某些原料的替代物，或用于其他生产过程中的原料替代物，如废矿渣与原矿配比再熔炼；利用回收技术提取有价值的材料再利用，如废金属提取、废有机溶剂提纯等

4. 资源耗用与管理（E4）

资源耗用与管理（E4）是指企业对生产经营活动中各类资源（能源、水资源、原材料等）的使用、分配、优化以及控制的全过程。

企业披露资源耗用与管理信息，能够增强运营透明度，满足利益相关方对企业可持续发展的期望；有利于优化资源结构，提高资源利用效率，节约成本；更有利于推动节约型社会建设，助力国家"双碳"目标的实现。

（1）能源耗用与管理（E4.1）

能源耗用与管理（E4.1）是指企业对生产经营过程中的能源使用情况进行系统监测、统计分析、效率优化和持续改进的综合管理活动，促进能源的节约与高效利用。能源耗用与管理（E4.1）包括能源耗用（E4.1.1）和能源管理（E4.1.2）两个三级指标。

表5-18 能源耗用（E4.1.1）

披露方式	披露内容
定量	**能源消耗总量** 综合能耗（吨标煤）； 综合能耗强度=综合能耗/企业特定指标（产值、产量、营业收入、利润总额、雇员人数等）； **不同类型的能源消耗量及占比** 直接能源消耗量（煤炭、天然气、柴油、重油、汽油等）； 间接能源耗量（外购电力、蒸汽、热力）； **可再生能源/清洁能源利用量、利用比例** 清洁能源使用总量； 按照不同清洁能源类型（风能、太阳能、水能、地热能、生物质资源、海洋能、天然气等）划分的能源使用量及占比； **能源节约量、节约比例** 综合能耗同比节约量、节约比例； 不同类型的能源消耗同比节约量、节约比例

表5-19 能源管理（E4.1.2）

披露方式	披露内容
定性	能源节约利用目标与举措，具体措施包括但不限于采购节能生产设备、节能照明设备、节能温控设备，采用余热余压利用、能源梯级利用等； 能源使用困难、挑战和应对策略

（2）水资源耗用与管理（E4.2）

水资源耗用与管理（E4.2）是指企业在生产经营活动中，通过优化用水工艺、完善计量监测、实施循环利用等手段，在保障正常生产的同时，实现节水减排、提高用水效率的管理效果。水资源耗用与管理（E4.2）包括水资源耗用（E4.2.1）和水资源管理（E4.2.2）两个三级指标。

表5-20　水资源耗用（E4.2.1）

披露方式	披露内容
定量	**总取水量**：企业直接利用的自然水体，即从地表水、地下水、海水或第三方水提取的水量之和； **总排水量**：企业最终排放至自然的水体，即向地表水、地下水、海水或第三方且不再使用的所有污水、已用水和未用水量； **总耗水量**：企业自身经营活动的总耗水量（一般企业默认为新鲜水消耗量）； **耗水强度**：耗水强度=总耗水量/企业特定指标（产值、产量、营业收入、利润总额、雇员人数等）； **不同类型水资源耗用、节约和利用量** 新鲜水耗用量、节约量、节约比例； 循环水用量及占比（如循环冷却水等）； 非常规水资源利用量及占比（如海水、苦咸水、雨污水等）

表5-21　水资源管理（E4.2.2）

披露方式	披露内容
定性	水资源节约和综合利用目标与举措，具体措施包括但不限于生活污水处理再生、工业废水处理回用、雨水收集利用等

（3）物料耗用与管理（E4.3）

物料耗用与管理（E4.3）是指企业在生产经营活动中，通过对原材料、包装物等各类物料的计划、使用和回收全过程实施管控，从而实现降低消耗、提高利用率的效果。物料耗用与管理（E4.3）包括物料耗用（E4.3.1）和物料管理（E4.3.2）两个三级指标。

表5-22 物料耗用（E4.3.1）

披露方式	披露内容
定量	原材料消耗总量； 包装物消耗总量； 循环使用材料占原材料的比重； 绿色包装占总包装的比重； 原材料节约量及比例； 原材料循环利用量及比例

表5-23 物料管理（E4.3.2）

披露方式	披露内容
定性	企业制定的原材料、包装物等物料的管理目标及具体举措； 企业选用高标准、高性能材料的情况； 企业原材料循环利用相关的生产工艺和技术革新； 企业对绿色包装使用情况，包括是否使用绿色包装、绿色包装材料类型及符合标准等； 企业减少包装物对环境影响的措施，如减量化包装、包装物循环利用等

5.绿色发展与行动（E5）

绿色发展与行动（E5）是指企业为保护和改善自然环境，防止生态系统退化及破坏，保护生物多样性而采取的各类积极措施和具体行为。

企业披露绿色发展与行动信息，有利于向利益相关方展示维护生态系统平衡、保护生物多样性的实践，树立心系公众健康和福祉的良好形象，更有利于满足人民对于美好生态环境的需求，提升社会整体满意度。

（1）生态环保行动（E5.1）

生态环保行动（E5.1）是指企业在日常运营中自发开展的改善环境状况的实践，如倡导和推动绿色办公、组织和参与环保公益活动等。企业开展生态环保行动有利于树立员工环保意识，向社会传递环保理念，共塑绿色生活方式；也有助于提高资源利用效率，减少污染排放并降低运营成本。生态环保行动（E5.1）包括绿色办公（E5.1.1）和环保公益（E5.1.2）两个三级指标。

表5-24 绿色办公（E5.1.1）

披露方式	披露内容
定性	绿色办公管理办法、行为准则等； 办公用能、用水、用品耗材、用餐等节约或回收利用措施，如分区分时照明等办公节电管理措施，无纸化办公、双面打印、分类回收等用品耗材节约利用管理措施，采购新能源汽车等公务车用油管理措施，光盘行动、反对浪费等文明用餐管理措施； 办公环境卫生管理和绿化措施等； 绿色出行措施，如鼓励员工乘坐公共交通，办公区域增设配备智能充电桩等； 绿色采购措施，如优先购买可再生办公用品等； 绿色环保倡议，如开展全国节能宣传周和全国低碳日活动，树立员工绿色环保理念
定量	办公用电、用纸、用油等资源节约量； 清洁能源使用量及比例； 新能源车辆采购数量及比例

表5-25 环保公益（E5.1.2）

披露方式	披露内容
定性	环保公益主题及内容介绍，如公益植树活动、绿色骑行活动、垃圾分类宣传活动，以及环境公益领域专题沙龙、论坛、国际会议等； 环保公益活动覆盖的对象，如社区、员工家属，或环保公益资助对象，从事环境领域的社会组织； 环保公益活动筹办或参与形式，如自行组织或参与其他公益组织的活动； 环保公益投入的资源介绍
定量	环保志愿服务时长、参与人次； 环保公益投入或资助金额

（2）生态系统保护（E5.2）

生态系统保护（E5.2）是指企业在生产经营活动中，主动采取一系列措施以减少对自然生态系统的负面影响，并积极参与生态系统修复工作，保护生物多样性。开展生态系统保护有利于维护生态系统的完整性、稳定性和功能可持续性，扭转人类活动造成的环境退化，最终保障人类社会的长期福祉。生态系统保护（E5.2）包括生态系统恢复（E5.2.1）和生物多样性保护（E5.2.2）两个三级指标。

表5-26 生态系统恢复（E5.2.1）

披露方式	披露内容
定性	企业生产经营所处位置是否临近依法划定的重点生态功能区、生态保护红线、自然保护地，以及其他具有重要生态功能或生态环境敏感脆弱区域； 企业在生态保护红线范围内退出生产经营的情况； 企业生产经营对生态系统影响的评估，以及为降低消极影响采取的措施； 企业生态修复和治理投入，包括但不限于环保设施、减排技术设备等专业设施设备投入，环保专业团队等人力资源投入，环保材料、消耗品等物资投入，环境管理制度建设等管理投入

续表

披露方式	披露内容
定量	生态修复治理面积； 生态修复项目投入金额（如项目建设费等）； 企业因生产经营活动容易导致或导致生态功能损坏、退化或不能恢复而向政府缴纳的治理资金或赔偿款（如水土保持补偿费、土地复垦费、生态环境损害赔偿等）； 企业因开展重要生态环境要素保护或在依法划定的重点生态功能区、生态保护红线、自然保护地等生态功能开展生态保护而获得的生态保护补偿

注：根据《生态保护补偿条例》（中华人民共和国国务院令 第779号），生态保护补偿，是指通过财政纵向补偿、地区间横向补偿、市场机制补偿等机制，对按照规定或者约定开展生态保护的单位和个人予以补偿的激励性制度安排。生态保护补偿可以采取资金补偿、对口协作、产业转移、人才培训、共建园区、购买生态产品和服务等多种补偿方式。中央财政按照重要生态环境要素分类实施，包括森林、草原、湿地、荒漠、海洋、水流、耕地以及法律、行政法规和国家规定的水生生物、陆生动植物资源等其他重要生态环境要素。

表5-27 生物多样性保护（E5.2.2）

披露方式	披露内容
定性	企业生产运营对生物多样性风险、依赖性和影响评估，以及为降低消极影响采取的措施； 生物遗传资源保护与利用情况，如应用于生物种质资源的技术研发等； 生物多样性保护投入的人力、物力、技术等资源
定量	生物多样性保护投入资金； 生物物种保护项目数量、受保护物种数量； 生物栖息地恢复面积； 生物多样性友好产品及服务占比

（二）社会

社会维度的信息披露，核心在于企业对社会各方利益相关者的责任履行，包含员工责任、安全管理与职业健康、可持续供应链、产品及客户责任、科技创新、乡村振兴与社会贡献6个一级指标。

1.员工责任（S1）

员工责任（S1）是指企业对员工的义务和责任，反映了企业在人力资源管理、员工权益保障、员工发展等方面的具体实践和表现，体现了以人为本的核心理念。

企业披露员工责任信息，不仅向利益相关方展示了在保障人权、解决就业、维系社会稳定方面的社会担当，还向利益相关方传递了重视人才、生产力稳定的正向表现，更有利于督促自身提高人资管理水平，构建科学合理的职业晋升和薪酬福利体系，吸引高质量的人才，减少员工矛盾和纠纷，促进企业与员工的共同成长。

（1）员工招聘与就业（S1.1）

员工招聘与就业（S1.1）是指企业根据自身发展需要，通过多元化的招聘方式吸引、筛选并录用合适人员，确保招聘活动的合法性、公正性和透明性，避免歧视和不公正行为的过程，能够为企业储备符合岗位要求且具备发展潜力的人才，同时解决社会就业难题，促进社会稳定和经济发展。员工招聘与就业（S1.1）包括聘用与就业管理（S1.1.1）和聘用与就业绩效（S1.1.2）两个三级指标。

表5-28　聘用与就业管理（S1.1.1）

披露方式	披露内容
定性	招聘举措，包括制定明确的招聘政策和程序、建立公正的招聘和评估机制、遵循非歧视原则、加强透明度和记录管理等； 招聘形式，如校园招聘、社会招聘等； 解决就业或扩大再就业的措施，如促进灵活就业等

表5-29　聘用与就业绩效（S1.1.2）

披露方式	披露内容
定量	员工构成及人数（人）； 新提供就业岗位数量（个）； 劳动合同签订率（%）=劳动合同签订人数/员工总数×100%； 社会保险覆盖率（%）=缴纳员工社保人数/员工总数×100%； 员工流失比例（%）=员工离职人数/员工总数×100%

（2）员工待遇及权益保障（S1.2）

员工待遇及权益保障（S1.2）是指企业为了发挥员工的主观能动性，化解劳动矛盾，促进企业和谐发展，制定的一系列关于员工薪资和福利、员工民主管理等方面的规则和政策。企业通常以问卷调查方式，了解员工对其工作环境、待遇、职业发展机会以及公司文化等方面的满意程度，为企业管理者改善员工关系、完善经营决策等提供参考依据。员工待遇及权益保障（S1.2）包括员工薪酬福利保障（S1.2.1）、加强民主管理（S1.2.2）和员工满意度调查（S1.2.3）三个三级指标。

表5-30 员工薪酬福利保障（S1.2.1）

披露方式	披露内容
定性	员工薪酬管理制度； 员工福利举措，包括绩效和奖金等薪资福利，带薪休假、全薪病假、延长哺乳假等假期福利，补充商业医疗保险、企业年金等
定量	员工人均带薪休年假天数

表5-31 加强民主管理（S1.2.2）

披露方式	披露内容
定性	员工管理制度； 职工代表大会管理制度； 员工沟通管理办法及举措，包括职工代表大会制度； 员工意见反馈机制，包括意见箱等； 员工劳动纠纷情况，包括劳动纠纷事件及管理办法等； 员工申诉机制，包括申诉流程、申诉处理反馈机制等
定量	召开职工代表大会次数； 参与职工代表大会的人次

表5-32 员工满意度调查（S1.2.3）

披露方式	披露内容
定性	员工满意度调查方法，包括问卷调查等方式； 员工满意度提升举措
定量	员工满意度调查人数； 员工满意度调查频次； 员工满意度调查比率（%）=员工满意度调查人数/员工总数×100%； 员工满意度（%）

（3）员工职业发展与培训（S1.3）

员工职业发展与培训（S1.3）是指企业通过教育和工作经历来提升员

工的专业技能和能力，从而提高生产效率，增强市场竞争力，促进企业的发展和壮大。员工职业发展与培训（S1.3）包括员工晋升（S1.3.1）和员工培训（S1.3.2）两个三级指标。

表5-33 员工晋升（S1.3.1）

披露方式	披露内容
定性	员工成长序列，包括人才发展路径规划； 员工晋升机制，包括晋升要求及选拔流程

表5-34 员工培训（S1.3.2）

披露方式	披露内容
定性	员工培训管理体系，包括培训管理架构、培训课程体系等； 员工培训开展情况，包括技能专项培训等
定量	员工培训总次数； 员工培训总时长； 员工培训参与总人次

（4）员工关爱与活动（S1.4）

员工关爱与活动（S1.4）是指企业为提升员工的归属感、工作积极性和团队凝聚力，实施的福利保障、人文关怀和团队建设活动等管理举措，从而营造积极向上的工作氛围，促进企业与员工的共同发展。员工关爱与活动（S1.4）包括员工关爱（S1.4.1）和员工活动（S1.4.2）两个三级指标。

表5-35 员工关爱（S1.4.1）

披露方式	披露内容
定性	女性员工关爱，包括国际劳动妇女节活动； 员工帮扶活动，包括对家庭条件困难及发生重大变故员工开展的救助； 员工节日慰问活动，包括企业在重大节日、高温天气等条件下对企业开展的慰问活动
定量	员工关爱投入金额

表5-36 员工活动（S1.4.2）

披露方式	披露内容
定性	员工技能竞赛活动； 员工文艺活动，包括趣味运动会、歌咏比赛等； 员工志愿服务活动，包括垃圾清理、关爱老人等活动
定量	员工活动举办次数； 员工活动参与人次

2.安全管理与职业健康（S2）

安全管理与职业健康（S2）是指企业为预防和减少事故发生、保护员工身体健康与职业安全，通过制定政策制度、采取技术措施及实施管理活动，预防和控制职业病危害。

（1）安全管理（S2.1）

安全管理（S2.1）是指企业在保障员工安全和提升应急响应能力方面的主动性管理措施与保障机制。企业加强安全管理，有助于发现安全隐患和漏洞，从而及时采取措施加以改进，降低安全事故导致的生产中断、财产损失、人员伤亡等风险，保障企业的正常运营。安全管理（S2.1）包括安全管理体系（S2.1.1）、安全管理举措（S2.1.2）和安全管理绩效（S2.1.3）三个三级指标。

表5-37　安全管理体系（S2.1.1）

披露方式	披露内容
定性	安全管理组织架构，包括组织架构建设情况及职责范围等； 安全管理制度及执行情况

表5-38　安全管理举措（S2.1.2）

披露方式	披露内容
定性	安全风险管控、安全隐患排查、安全生产培训、安全生产考核、安全生产责任险、安全事故应急预案、安全应急演练、安全生产活动、安全文化建设情况等

表5-39　安全管理绩效（S2.1.3）

披露方式		披露内容
定量	安全生产培训情况	企业安全应急演练次数、安全应急演练参与人次、安全生产培训次数、安全生产培训时长、安全生产培训参与人次等
	安全隐患排查情况	企业安全隐患排查次数、安全隐患排查整改数量、安全隐患整改率
	安全事故情况	企业员工因工死亡人数、工伤损失工作日数、生产事故发生次数、轻伤事故发生次数、在工作场所员工发生事故数量、各类安全事故导致的损失工时数等

（2）职业健康管理（S2.2）

职业健康管理（S2.2）是指企业为保障员工在工作环境中的身心健康，

通过系统化的方法识别、评估和控制职业风险。企业加强职业健康管理，有助于减少职业病危害，提升员工健康水平，保障劳动生产率。职业健康管理（S2.2）包括职业健康管理体系（S2.2.1）、职业健康管理举措（S2.2.2）和职业健康管理绩效（S2.2.3）三个三级指标。

表5-40　职业健康管理体系（S2.2.1）

披露方式	披露内容
定性	企业职业健康管理制度及执行情况等； 企业开展职业健康安全管理体系认证的工作进程和结果，以及职业健康安全管理体系的认证范围
定量	企业取得职业健康安全管理体系认证的所有子公司数量及占子公司总量的比重

表5-41　职业健康管理举措（S2.2.2）

披露方式		披露内容
定性	工作场所健康防护	企业工作场所环境改善与控制、健康监测情况等
	职业健康安全保障措施	企业设备设施防护与应急处理情况等

表5-42　职业健康管理绩效（S2.2.3）

披露方式		披露内容
定量	职业健康指标	企业职业健康发病率（%）、员工健康体检达标率（%）等
	职业健康培训	企业职业健康培训次数、职业健康培训时长、职业健康培训参与人次等

3.可持续供应链（S3）

可持续供应链（S3）是指企业在供应链全流程管理中，统筹兼顾环境保护、社会责任和经济效益，通过绿色采购、供应商动态管理等措施，增强供应链韧性和安全水平的供应链管理模式。

企业披露可持续供应链管理中的环保措施、社会责任实践等信息，能够提高供应链透明度，减少潜在的法律合规风险，展示其在可持续发展方面的潜力，赢得更多利益相关方的认可，树立良好的企业形象。

（1）供应商管理（S3.1）

供应商管理（S3.1）是指企业对供应商的开发、选用、考核等综合性管理工作的总称，通过全面了解和评估供应商，建立长期稳定的合作关系同时，通过赋能供应商，提高供应商的产品或服务水平，推动共同发展。供应商管理（S3.1）包括供应商基础情况（S3.1.1）、供应商选择与管理（S3.1.2）和供应商赋能与激励（S3.1.3）三个三级指标。

表5-43 供应商基础情况（S3.1.1）

披露方式	披露内容
定性	供应商产品供应能力； 供应商产品供应质量情况
定量	供应商区域分布及数量； 供应商获得环境管理体系认证数量； 供应商获得环境管理体系认证比率（%）=供应商获得环境管理体系认证数量/供应商总数×100%； 供应商获得质量管理体系认证数量； 供应商获得质量管理体系认证比率（%）=供应商获得质量管理体系认证数量/供应商总数×100%； 供应商获得职业健康管理体系认证数量； 供应商获得职业健康管理体系认证比率（%）=供应商获得职业健康管理体系认证数量/供应商总数×100%

表5-44 供应商选择与管理（S3.1.2）

披露方式	披露内容
定性	供应商选择标准，包括供应商准入和退出机制、是否将ESG因素融入供应商准入要求等举措； 供应商评价标准，包括供应商评估和分类方法、评估供应商ESG表现等举措； 供应商沟通交流渠道，包括定期开展供应商交流大会； 供应商管理举措，包括供应商管理信息化建设等举措
定量	供应商准入、退出数量； 供应商交流活动举办次数

表5-45 供应商赋能与激励（S3.1.3）

披露方式	披露内容
定性	供应商培训管理制度，包括企业为提升供应商产品质量或服务水平制订的培训计划； 供应商能力培训，包括企业对供应商的技能培训、经营培训等； 供应商可持续培训，包括企业对供应商在环境、社会方面培训赋能情况
定量	供应商培训次数； 供应商培训时长； 供应商培训参与人次

（2）供应链管理（S3.2）

供应链管理（S3.2）是指企业通过协调和整合内外部的资源，对供应链中的供应商进行计划、组织、协调和控制，实现从原材料供应商到最终客户的高效运作的过程。企业开展供应链管理，能够降低采购和交易成本，形成互利共赢的合作关系；同时有助于降低供应链中断的风险，确保原材料和产品的持续供应，提高企业持续经营能力。供应链管理（S3.2）包括供应链风险管理（S3.2.1）、供应链安全保障（S3.2.2）、绿色供应链建设（S3.2.3）和平等对待中小企业（S3.2.4）四个三级指标。

表5-46 供应链风险管理（S3.2.1）

披露方式	披露内容
定性	供应链风险管理目标及计划； 供应链风险管理制度，包括风险识别、评估、监督和应对机制； 供应商稳定性举措，包括供应链智能化管理、通过外部资源整合实现供应链稳定等举措； 重大风险与影响事件，包括供应链环节中具有重大风险与影响的
定量	供应商风险重大影响事件数量

表5-47 供应链安全保障（S3.2.2）

披露方式	披露内容
定性	供应链安全管理体系，包括制定明确的政策和目标，分配责任和资源，制定安全维护策略，完善供应链流程管理等； 供应链安全保证与应急管理预案，包括原材料、产成品供应中断防范等应对举措； 供应链安全保护举措，包括通过并购重组、科技创新等保障自身供应链安全、强化供应链优势等方面的举措
定量	供应链安全建设投入金额； 供应链安全危机预警次数

表5-48 绿色供应链建设（S3.2.3）

披露方式	披露内容
定性	绿色采购举措，包括采购带有节能降碳功效的生产设备、采购带有绿色认证的原材料、采购具有低污染高能效的办公用品等； 绿色供应链制度体系，包括绿色供应链考核管理体系等
定量	绿色采购金额； 绿色采购比率（%）=绿色采购金额/总采购金额×100%

表5-49 平等对待中小企业（S3.2.4）

披露方式	披露内容
定性	企业对中小企业供应商的账期； 企业对中小企业逾期账款拟采取的解决方案； 对待中小企业的优惠机制，包括适当降低中小供应商准入门槛、金融企业降低中小企业融资成本等制度； 为中小企业提供帮助的举措，包括适当延长中小企业账期，主动为中小企业提供业务支持等举措
定量	逾期未支付中小企业款项的金额

4.产品及客户责任（S4）

产品及客户责任（S4）是指企业在生产、销售产品以及与客户交易的过程中，确保产品符合质量标准并为客户提供具有质量保证的产品和优质的售前售后服务，尊重客户的知情权，保障客户的合法权益。

企业披露产品及客户责任信息，能够帮助利益相关方了解企业能否稳定地提供合格产品或服务，判断与企业合作的稳定性，帮助客户享受到符合质量标准的产品与服务，满足消费需要。

（1）产品质量与安全（S4.1）

产品质量与安全是指企业的产品满足规定或潜在需要，且在使用过程中不会对人身、财产或环境造成危害，符合保障人体健康、财产安全及生态环境安全的国家标准、行业标准等要求。产品质量与安全（S4.1）包括产品质量管理（S4.1.1）、产品召回管理（S4.1.2）和产品可及性（S4.1.3）三个三级指标。

表5-50　产品质量管理（S4.1.1）

披露方式	披露内容
定性	产品质量管理体系； 质量管理体系认证，包括ISO 9001质量管理体系等认证； 质量提升举措； 质量管理及提升培训
定量	产品交付及时率（%）＝及时交付产品数量/交付产品总数×100% 产品质量培训次数； 产品质量培训参与人次

表5-51　产品召回管理（S4.1.2）

披露方式	披露内容
定性	产品召回管理制度，包括产品召回事件的处理流程等； 因质量问题召回产品的种类； 产品召回后的处理措施及补偿
定量	产品召回数量； 产品召回比例（%）＝召回产品数量/同期销售产品总量×100%

表5-52　产品可及性（S4.1.3）

披露方式	披露内容
定性	产品和服务的可及性，包括产品的设计是否便于用户操作、产品是否能够以消费者可以负担的价格获得、产品是否能够被不同文化背景的用户接受和使用、用户能否方便地获取关于产品的相关信息、产品的易用性和用户对产品的满意度等

（2）客户服务与权益（S4.2）

客户服务与权益（S4.2）是指企业通过制定制度和采取措施，保障客户应当享有的权益，确保客户购买产品或使用服务时获得满意体验。企业经常通过开展客户满意度调查，收集客户反馈，发现服务中的不足，并制定相应的改进措施，提升客户忠诚度和满意度。客户服务与权益（S4.2）包括客户权益保护（S4.2.1）、客户投诉管理（S4.2.2）和客户满意度调查（S4.2.3）三个三级指标。

表5-53 客户权益保护（S4.2.1）

披露方式	披露内容
定性	客户服务管理制度，包括售后服务管理制度、定期回访制度等； 客户沟通渠道，包括线上沟通渠道和线下沟通渠道
定量	客户沟通频次

表5-54 客户投诉管理（S4.2.2）

披露方式	披露内容
定性	处理客户投诉的应对流程及管理制度； 处理客户投诉的应对举措
定量	接到客户投诉次数； 客户投诉解决数量； 客户投诉解决比率（%）=解决客户投诉次数/客户投诉次数×100%

表5-55 客户满意度调查（S4.2.3）

披露方式	披露内容
定性	客户满意度调查的方式； 客户满意度调查的范围及问题； 客户满意度调查中针对反馈问题的提升举措
定量	客户满意度调查的频次； 参与客户满意度调查的客户数； 客户满意度调查的比率（%）=参与调查的客户数量/客户总数； 客户满意度调查结果（%）

（3）数据安全与客户隐私保护（S4.3）

数据安全与客户隐私保护（S4.3）是指企业为确保客户信息与业务数据

的安全性而建立的管理体系，通过技术防护、制度规范和流程管控，防止数据和信息泄露、滥用或非法获取，降低法律风险，维护客户和企业声誉。数据安全与客户隐私保护（S4.3）包括信息与数据安全管理体系（S4.3.1）、信息与数据安全管理举措和绩效（S4.3.2），以及客户隐私保护举措和绩效（S4.3.3）三个三级指标。

表5-56　信息与数据安全管理体系（S4.3.1）

披露方式	披露内容
定性	信息与数据安全管理办法； 信息安全管理体系认证，如ISO 27001信息安全管理体系认证、信息等级保护认证等

表5-57　信息与数据安全管理举措和绩效（S4.3.2）

披露方式	披露内容
定性	信息与数据安全保护举措，包括数据加密、访问权限控制等； 信息与数据安全培训主题或内容
定量	信息安全讲座培训次数； 信息安全讲座培训时长； 信息安全讲座培训参与人次

表5-58　客户隐私保护举措和绩效（S4.3.3）

披露方式	披露内容
定性	客户隐私保护举措，包括签订客户信息获取许可协议、对客户信息传输加密处理、设置信息访问权限等； 客户隐私保护培训主题或内容
定量	客户隐私保护培训次数； 客户隐私保护培训时长； 客户隐私保护培训人次

5.科技创新（S5）

科技创新（S5）是指企业经过理论研究、实验开发、应用研究等多个阶段，开发新产品、新技术、新工艺或新方法，取得具有创造性和实用价值的研究创新成果，以实现提高生产效率、培育新质生产力和转型能力的过程。

企业披露科研创新情况能够向外界充分展示其创新实力和发展潜力，不仅能让投资者准确评估企业的长期竞争力和投资价值，也能为政府和监管机构制定产业政策提供重要的参考依据。

（1）研发创新管理（S5.1）

研发创新管理是指企业通过系统化和战略性的方法，对研发活动进行规划、组织、领导和控制，以实现研发目标，同时采用新的生产方式和经营管理模式，提高产品质量，提供新服务的过程。研发创新管理（S5.1）包括研发创新管理体系（S5.1.1）、研发创新举措（S5.1.2）和研发创新绩效（S5.1.3）三个三级指标。

表5-59 研发创新管理体系（S5.1.1）

披露方式	披露内容
定性	研发创新目标及制定战略； 研发创新管理组织架构； 科研创新平台或研发中心搭建情况； 研发创新管理制度建设，包括科研资金使用管理办法、科研创新考核管理办法等制度； 研发创新考核激励等

表 5-60　研发创新举措（S5.1.2）

披露方式	披露内容
定性	科研创新项目，包括节能降碳改造项目、零碳示范项目、智能化改造项目； 产学研合作，包括校企合作共建实验室、共同开展科研项目及开展科研交流活动，加速科技成果转化； 科技创新成果保护措施，如开展知识产权申报、知识产权保护等培训，加强知识产权风险识别、建立知识产权管理档案等
定量	研发投入金额，即企业在科技研发中投入的资金总额； 研发投入占主营业务收入比例（%）=研发投入金额/营业收入； 研发人员数量，企业需明确全职研发人员数量、兼职或临时研发人员数量、外部合作研发人员数量； 研发人员占员工总人数比例（%）=研发人员数量/员工总人数； 研发成果保护/研发团队专业培训次数； 研发成果保护/研发团队专业培训时长； 研发成果保护/研发团队专业培训参与人次

表 5-61　研发创新绩效（S5.1.3）

披露方式	披露内容
定性	制定国际/国家/行业团体标准情况； 组织或参与国家级/省级/市级科研项目获奖情况； 获得的专业资质和重要奖项，包括创新技术企业认定情况、国家科学技术奖项获奖情况等； 公开发表论文情况； 软件著作权情况，包括软件实现的功能、产生的正面效益情况； 发明专利/实用新型专利/外观专利情况，包括专利带来的正面效益情况
定量	组织或参与国家级/省级/市级科研项目数量； 累计参与或制定国际/国内/行业标准数量； 新增/累计授权发明专利数量； 新增/累计授权实用新型专利数量； 新增/累计授权外观专利数量； 新增/累计获得软件著作权数量； 公开发表论文数量

（2）数智化转型（S5.2）

数智化转型（S5.2）是指企业将数字化和智能化技术相结合，通过引用先进技术、加强数据影响力等行为，推动企业业务流程、产品服务、组织管理的全面升级，以提升效率、增强创新能力，并实现更高价值的过程。企业进行数智化转型能够应对劳动力成本上升、完善流程及成本管控、应对市场竞争加剧等挑战，进而提升企业竞争力，实现可持续发展。数智化转型（S5.2）包括数智化转型举措（S5.2.1）和数智化转型绩效（S5.2.2）两个三级指标。

表5-62　数智化转型举措（S5.2.1）

披露方式	披露内容
定性	完善数据治理体系的措施； 保障数据安全的措施，如采用先进的加密技术、访问控制手段等； 数智化运营模型搭建情况； 实现业务流程自动化情况，包括利用AI系统自觉自动化等； 数据要素价值释放情况，包括通过数字化平台和工具采集、传输、处理和共享数据，推动数据驱动的流程创新和模式创新等

表5-63　数智化转型绩效（S5.2.2）

披露方式	披露内容
定性	数智化转型投入，包括企业在数智化转型中投入的人力资源、技术资源等； 数智化影响，包括提升生产效率、增强客户满意度、提高业务单量，形成行业标杆效应等
定量	数智化转型投入金额，即企业在数智化转型过程中投入的资金总额

6. 乡村振兴与社会贡献（S6）

乡村振兴与社会贡献（S6）是指企业在履行社会责任过程中，通过专项乡村建设行动和普遍性社会公益活动双重路径，实现社会价值创造的完整实践体系。

企业披露乡村振兴与社会贡献信息，有助于利益相关方了解企业在乡村振兴和社会公益领域开展的实践成果，强化企业负责任的社会形象；同时能够深化与政府、社区的协作关系，提升企业在区域发展中的参与度和影响力。

（1）乡村振兴（S6.1）

乡村振兴（S6.1）是指企业在国家政策引导和支持下，通过产业扶持、技术赋能、人才支持等措施和手段，促进农村经济、社会、文化、生态等全面发展的专项实践。企业通过助力乡村振兴响应国家战略，承担促进"三农"发展的社会责任，推动实现社会共同富裕。乡村振兴（S6.1）包括乡村振兴举措（S6.1.1）和乡村振兴绩效（S6.1.2）两个三级指标。

表5-64　乡村振兴举措（S6.1.1）

披露方式	披露内容
定性	支持乡村振兴举措，包括支持乡村特色产业发展、支持当地就业、文化、教育等方面

表5-65　乡村振兴绩效（S6.1.2）

披露方式	披露内容
定性	实施乡村振兴带来的正向影响等
定量	乡村振兴总投入金额； 按照消费帮扶、基础设施帮扶、产业帮扶等类型划分的乡村振兴投入金额； 乡村振兴惠及群体类型及人数，群体包括留守人口、返乡青年、特殊群体等

(2) 社会贡献（S6.2）

社会贡献（S6.2）是指企业通过公益慈善、志愿服务、社区投资等非营利活动，回馈社会、帮扶弱势群体的常规实践。社会贡献不仅有助于提升企业的社会形象和品牌价值，还能促进社会的和谐发展和持续进步。社会贡献（S6.2）包括社会贡献举措（S6.2.1）和社会贡献绩效（S6.2.2）两个三级指标。

表5-66 社会贡献举措（S6.2.1）

披露方式	披露内容
定性	社会贡献举措，包括公益活动、志愿服务、社区共建、重大灾害救助事项等

表5-67 社会贡献绩效（S6.2.2）

披露方式	披露内容
定量	社会贡献活动（社会捐赠、志愿服务活动等）投入金额、参与人次、参与时长； 社会贡献活动惠及群体类型及人数，群体包括经济困难的个人和家庭、灾害受害者、孤寡老人、残疾人、孤儿等

（三）治理

治理维度的信息披露，重点在于展现企业内部治理结构与决策机制的有效性，包括治理结构和运行、治理机制与保障、商业行为与道德、利益相关方管理4个一级指标。

1. 治理结构和运行（G1）

治理结构和运行（G1）指企业的管理体系和运行机制，包括董事会、监事会和高级管理层的架构、职责和运作情况。

治理结构和运行的披露不仅增强了投资者等外部利益相关方对公司治理效能的了解和信任，有助于吸引更多的长期资本，而且有利于提高公司内部管理效率，保障稳健运营。

（1）党建引领（G1.1）

党建引领（G1.1）是指企业充分发挥党组织的领导作用与党员的先锋模范作用，围绕党的政治建设、思想建设、组织建设、作风建设、纪律建设和制度建设等方面，为组织的整体发展方向、战略规划、具体事务推进等提供组织保障和动力支持，同时通过党建工作与业务工作的深度融合，将党的政治优势、组织优势转化为推动企业业务发展的动力，从而实现高质量发展。党建引领（G1.1）包括党的建设（G1.1.1）、党建活动（G1.1.2）和党建赋能业务（G1.1.3）三个三级指标。

表5-68 党的建设（G1.1.1）

披露方式	披露内容
定性	党组织建设情况； 党建制度制定与执行情况； 党建入形、入制、入章情况
定量	党总支累计建设与新增建设数量； 党支部累计建设与新增建设数量； 党员累计与新发展数量； 党委会会议召开次数； 党委会议审议事项数量

表5-69 党建活动（G1.1.2）

披露方式	披露内容
定性	党员主题教育案例； 党建主题活动案例； 党建品牌建设举措与成果
定量	党建活动总时长； 党建活动总次数； 党建活动总人次

表5-70 党建赋能业务（G1.1.3）

披露方式	披露内容
定性	党建与业务相融合的体制机制建设与创新； 党建与业务相融合的模式； 党建赋能业务的具体实践

（2）董事会（G1.2）

董事会（G1.2）是指由股东会根据法律法规和公司章程任命的、代表股东监督经理人的公司常规机构，是经理人与股东之间、大股东与中小股东之间的重要桥梁，也是缓解两类代理问题的关键机制。董事会（G1.2）包括董事会构成（G1.2.1）、董事会履职（G1.2.2）和董事会薪酬（G1.2.3）三个三级指标。

表5-71 董事会构成（G1.2.1）

披露方式	披露内容
定性	董事会成员，包括董事会主席、独立董事、女性董事人员情况； 董事性别、年龄、专业背景、行业经验、任命程序等信息； 专业委员会，包括提名委员会、审计委员会、薪酬与考核委员会等专业委员会的组成和运作情况

续表

披露方式	披露内容
定量	董事总人数； 按照学历、行业经验、专业背景等划分的董事人数和占比； 独立董事人数及占比； 女性董事人数及占比

表5-72　董事会履职（G1.2.2）

披露方式	披露内容
定性	提名委员会组成情况、董事会会议议题情况
定量	董事会会议举行次数； 董事会会议应出席人次； 董事会会议实际出席人次； 董事会审议议案数目； 独立董事表决异议次数； 独立董事表决弃权次数

表5-73　董事会薪酬（G1.2.3）

披露方式	披露内容
定性	薪酬政策和机制，如养老计划、股票期权计划、津贴政策、薪酬与ESG绩效挂钩等内容和触发条件； 薪酬结构，包括基本工资、奖金、津贴、福利、股权激励等
定量	董事薪酬总金额； 董事人均薪酬； 按董事会人员、薪酬类型划分的薪酬金额

（3）管理层（G1.3）

管理层（G1.3）是指在公司中负责经营管理、决策制定和日常运营的团队，主要包括公司的经理、副经理、财务负责人，上市公司董事会秘书和公司章程规定的其他人员[①]。管理层（G1.3）包括管理层构成（G1.3.1）和管理层薪酬（G1.3.2）两个三级指标。

表5-74　管理层构成（G1.3.1）

披露方式	披露内容
定性	管理层人员的专业背景、性别组成、年龄分布、平均年任期等
定量	高管总人数； 按照学历、行业经验、专业背景等划分的董事人数及占比； 女性高管人数及占比

表5-75　管理层薪酬（G1.3.2）

披露方式	披露内容
定性	管理层薪酬激励方法或计划，包括但不限于将公司ESG实践绩效按一定比例纳入管理层的薪酬考评和奖励计划中
定量	高管薪酬总金额； 高管人均薪酬； 按管理层人员、薪酬类型划分的薪酬金额

2.治理机制与保障（G2）

治理机制与保障（G2）是指企业为实现其战略目标，确保高效、公平、透明的运营而设立的一系列内部管理制度和流程。公司治理保障是通过建立健全的公司治理制度、机制和程序，对企业管理进行有效监督、制衡和

---

① 《中华人民共和国公司法》（2023年修订）第二百六十五条规定："高级管理人员，是指公司的经理、副经理、财务负责人，上市公司董事会秘书和公司章程规定的其他人员。"

激励，确保企业健康、稳定、可持续发展。

企业披露治理机制与保障信息，能够提升经营管理透明度，使利益相关方依据真实信息做出合理决策，便于投资者评估企业的投资价值和风险水平，同时有利于公司建立健全内部治理结构，实现对自身合法权益的有效保护。

（1）可持续发展治理体系（G2.1）

可持续发展治理体系（G2.1）是指企业将可持续发展的理念融入组织、制度、流程、目标之中，健全与完善治理机制、推动可持续发展。企业构建可持续发展治理体系有利于提高企业可持续发展相关事务的组织效率，明确可持续发展的方向，实现更高的可持续发展绩效，增强投资价值和品牌影响力。可持续发展治理体系（G2.1）包括可持续发展治理（G2.1.1）、可持续发展战略（G2.1.2）、可持续发展影响、风险和机遇（G2.1.3）、可持续发展指标与目标（G2.1.4）四个三级指标。

表5-76　可持续发展治理（G2.1.1）

披露方式		披露内容
定性	ESG治理架构	公司ESG工作治理架构及职能设置情况，包括人员构成、职权范围、工作任务及目标等
	ESG制度体系	公司指导ESG管理工作所制定的专项制度、管理办法等
	ESG管理机制	ESG信息披露，即企业ESG相关信息的收集、汇总和报送机制，包括但不限于报告方式、报告频率； ESG风险管理，即企业识别ESG相关负面影响或风险的程序、识别到的具体风险和机遇及应对措施和策略； ESG监督考核，即对ESG管理相关目标设定、战略执行、目标实现进展等进行监督管理的情况，包括但不限于相关监督程序、监督措施及考核情况； ESG培训，即企业为提升ESG相关组织机构和管理人员专业技能和能力开展的ESG培训情况

表5-77　可持续发展战略（G2.1.2）

披露方式	披露内容
定性	结合企业的愿景、使命和长期发展规划设定目标的情况，以及企业在ESG方面的发展方向和重点； 将ESG战略融入企业的日常运营和管理流程情况以及建立有效的沟通机制，向员工、投资者、客户等利益相关者传达企业的ESG战略和进展情况； ESG绩效监控和评估体系建设情况和ESG战略和行动计划调整和优化情况

表5-78　可持续发展影响、风险和机遇（G2.1.3）

披露方式	披露内容
定性	公司识别、评估可持续发展相关影响、风险和机遇的方法，以及评估这些影响、风险和机遇发生的可能性、大小和影响的途径； 公司监测可持续发展相关的影响、风险和机遇的情况，如建立管理机制、流程等； 融入内部管理流程的情况； 采取的风险管理措施

表5-79　可持续发展指标与目标（G2.1.4）

披露方式	披露内容
定性	目标设定，即公司根据相关法律法规要求以及自身需要设定可持续发展相关情况的目标； 目标管理，即公司对ESG指标开展体系化、标准化管理，明确管理架构及职责、指标填报单位以及指标填报流程、审核流程及频率等内容。

（2）规范治理（G2.2）

规范治理（G2.2）是企业为有效识别、评估、监测、控制和应对风险，同时确保组织的运营活动符合法律法规、监管要求、行业准则、内部政策和道德标准而建立的一套完整、系统的框架和流程，主要包括风险管理、合规管理等。规范治理能够帮助企业提前发现潜在问题，制定有效的风险应对策略，降低治理不善导致的风险，避免因违规而面临的法律风险和声誉损失。规范治理（G2.2）包括风险管理（G2.2.1）、合规管理（G2.2.2）、法务管理（G2.2.3）和内控管理（G2.2.4）四个三级指标。

表5-80　风险管理（G2.2.1）

披露方式	披露内容
定性	风险管理制度； 风险管理架构及职责； 风险识别流程及识别出的风险； 风险管理的措施与成果
定量	风险管理培训次数； 风险管理培训时长； 风险管理培训参与人次

表5-81　合规管理（G2.2.2）

披露方式	披露内容
定性	合规管理架构及对应职责； 合规经营管理制度； 合规报告与管理的制度与流程
定量	合规管理培训次数； 合规管理培训时长； 合规管理培训参与人次

表5-82　法务管理（G2.2.3）

披露方式		披露内容
定性	法务制度建设	公司修订的法律相关制度与工作细则、法务管理架构及对应职责
	法务管理执行	公司合同审查、知识产权保护、法律风险防范、法务培训、处理纠纷诉讼情况等

续表

披露方式	披露内容
定量	审核各类法律文件数量； 新增案件数量； 重大诉讼案件数量； 法务相关培训总时数； 法务培训参与人次； 法务培训总次数

表5-83 内控管理（G2.2.4）

披露方式	披露内容
定性	内控控制结构机制流程、内控报告机制、内控管理缺陷整改情况；审计计划（含专项审计计划）、审计问题整改流程
定量	内控培训次数； 内控培训时长； 内控培训参与人次； 审计培训次数； 审计培训时长； 审计培训参与人次； 专项审计数目； 专项审计发现问题数量； 问题整改率（%）

3.商业行为与道德（G3）

商业行为与道德（G3）是指在商业活动中，企业应当遵循的道德准则和规范，包括反商业贿赂、反贪污、反不正当竞争等内容。

企业披露商业行为与道德规范的信息，有助于公司建立健全内部管理体系，增强消费者、投资者、合作伙伴等利益相关者对公司的信任和认可，维护公平、公正的市场秩序。

（1）反商业贿赂及反贪腐（G3.1）

反商业贿赂及反贪腐（G3.1）是指企业通过组织、制度、文化和监管措施，预防和打击在商业活动及内部运营中以不正当手段换取利益或滥用职权谋取私利的行为。企业反商业贿赂及反贪腐，有助于营造公平、透明的市场氛围，确保市场竞争基于产品质量、服务水平和创新能力等正当因素，促进市场的健康发展。反商业贿赂及反贪腐（G3.1）包括反商业贿赂及反贪腐管理体系（G3.1.1）和反商业贿赂及反贪腐管理措施（G3.1.2）两个三级指标。

表5-84　反商业贿赂及反贪腐管理体系（G3.1.1）

披露方式	披露内容
定性	反贪腐组织架构情况； 防止贿赂/腐败/舞弊的相关制度建设

表5-85　反商业贿赂及反贪腐管理措施（G3.1.2）

披露方式	披露内容
定性	举报人保护程序； 反贪腐培训、廉洁宣传教育活动开展情况； 商业贿赂、贪污风险评估情况
定量	反贪腐培训次数； 反贪腐培训时长； 反贪腐培训参与人次； 按层级划分的反贪腐培训次数、时长和参与人次，层级如管理层和员工； 贪污诉讼案件的数目； 贪污诉讼案件的涉及人数； 违纪投诉次数

（2）反不正当竞争（G3.2）

反不正当竞争（G3.2）是指企业通过合规经营和主动防范，建立相应管理体系，采取管理措施，不在市场竞争中采取违反商业道德或法律的手段获取竞争优势，同时，抵制其他企业的不当行为，以维护公平市场秩序和自身合法权益。企业开展反不正当竞争工作，不仅能降低自身因卷入不正当竞争纠纷而面临的法律风险和经济损失，保障正常经营和稳定发展，还能对其他企业起到监督和示范作用。反不正当竞争（G3.2）包括反不正当竞争管理体系（G3.2.1）和反不正当竞争管理措施（G3.2.2）两个三级指标。

表5-86 反不正当竞争管理体系（G3.2.1）

披露方式	披露内容
定性	反不正当竞争组织架构情况； 防范虚假宣传、实施垄断行为、侵犯商业秘密制度建设情况

表5-87 反不正当竞争管理措施（G3.2.2）

披露方式	披露内容
定性	企业反不正当竞争培训主题、培训内容； 企业因不正当竞争产生的诉讼情况、受到的行政处罚相关情况以及整改措施
	反不正当竞争培训次数； 反不正当竞争培训参与人次

4.利益相关方管理（G4）

利益相关方管理（G4）是指企业或组织通过识别关键利益相关方、分析其影响力与诉求，制定差异化沟通策略，并建立长期协作机制，以实现多方共赢、保障业务可持续性的管理实践。

(1) 利益相关方识别与沟通（G4.1）

利益相关方识别与沟通（G4.1）是指企业通过系统识别与自身存在利益关联的各方主体，并与他们开展有效沟通，以发现其诉求并满足合理需求与利益的管理过程，有利于及时了解各方需求和期望，避免信息不对称或沟通不畅导致的误解和冲突。利益相关方识别与沟通（G4.1）包括利益相关方识别（G4.1.1）和利益相关方沟通（G4.1.2）两个三级指标。

表5-88 利益相关方识别（G4.1.1）

披露方式	披露内容
定性	利益相关方识别方法和程序； 利益相关方的类型； 利益相关方的需求

表5-89 利益相关方沟通（G4.1.2）

披露方式	披露内容
定性	利益相关方回应机制； 利益相关方具体事件以及时间、利益相关方关切问题的通告方式、利益相关方关切问题的应对处理办法等

(2) 投资者关系与权益（G4.2）

投资者关系与权益（G4.2）是指企业与投资者之间的互动沟通、管理活动，以及投资者基于投资行为依法享有的资产收益权、参与决策权、求偿权等一系列权利的总称。良好的投资者关系和权益披露能够保障投资者对公司全面情况的知情权，吸引更多投资者关注，拓宽企业的融资渠道，降低融资成本。投资者关系与权益（G4.2）包括股东权益（G4.2.1）、债权人权益（G4.2.2）和投资者关系管理（G4.2.3）三个三级指标。

表5-90 股东权益（G4.2.1）

披露方式	披露内容
定性	股东会会议的召开及议题审议情况； 保障股东知情权和参与权的举措
定量	报告期现金分红； 截至报告期末的累计分红情况

表5-91 债权人权益（G4.2.2）

披露方式	披露内容
定性	信用评级情况； 债券偿付与履约情况

表5-92 投资者关系管理（G4.2.3）

披露方式	披露内容
定性	投资者管理制度； 投资者沟通的代表性案例
定量	投资者沟通活动次数

（3）信息披露管理（G4.3）

信息披露管理（G4.3）是指企业通过建立健全制度、流程及管控机制，对信息披露的内容审核、流程规范、合规性把控、责任分配等进行系统性组织与实施，确保在一定时期内，向投资者、监管机构及其他利益相关者公开的财务、经营、管理等信息，在真实性、准确性、完整性、及时性、可比性及可理解性等方面符合法规要求，满足信息使用者决策需求的动态管理过程。信息披露管理（G4.3）包括信息披露情况（G4.3.1）和信息披露质量（G4.3.2）两个三级指标。

表 5-93　信息披露情况（G4.3.1）

披露方式	披露内容
定性	信息披露参照标准； 信息披露范围； 信息披露时间； 信息披露频率； 信息披露编制机构

表 5-94　信息披露质量（G4.3.2）

披露方式	披露内容
定性	企业信息披露真实性承诺与外部鉴证，包括所选择的第三方鉴证机构的名称、资质、出具的鉴证意见等

六、

ESG信息披露与ESG管理

六、ESG信息披露与ESG管理

ESG报告系统呈现了企业可持续发展相关影响、风险和机遇，以及相应的管理策略和实施成果。ESG报告内容不仅反映了企业在可持续发展方面的管理能力，更揭示了企业在当今低碳经济转型和复杂商业环境下的战略布局与发展潜力。作为财务报告的重要补充，ESG报告为投资者等利益相关方提供了更全面、真实的评估依据。规范的ESG信息披露既是企业满足监管要求的必要举措，更是完善内部治理、管控ESG风险、提升可持续发展绩效的有效途径。

随着可持续发展要求的持续深化，企业ESG实践已从单纯的信息披露逐步转向系统化的管理体系建设。以沪深北证券交易所监管要求为例，其基于双重重要性和四大核心要素的披露框架，实质上对企业ESG治理能力提出了更高的要求。企业需在治理、战略、风险管理、指标与目标等关键方面有效整合ESG因素，方能满足合规披露要求。这一过程促使企业通过信息披露倒逼管理升级，从而形成"披露–改进–提升"的良性循环，最终实现可持续发展能力的持续增强。

（一）ESG信息披露

1. ESG报告披露时间

ESG报告是ESG信息的重要载体，其披露内容的覆盖期间一般与年报期间保持一致。为保障信息时效性，企业通常选择在会计年度结束后披露上一会计年度的ESG报告，以便利益相关方及时了解企业ESG举措、成果及关键绩效。

各监管机构对ESG报告披露时限要求存在差异，但通常与年报披露周期同步执行，最迟不得晚于会计年度结束后的4个月内。对于没有强制披露时间要求的企业，建议参照现行政策，优先考虑在每年会计年度结束后的4个月完成上一会计年度的ESG报告发布，最迟不晚于会计年度结束后的6个月，尽可能保障信息披露及时、有效。现行政策关于ESG报告披露时间的规定如表6-1所示。

除ESG报告发布外，企业也可根据自身情况，不定期披露ESG信息，例如，实时发布ESG亮点工作成果、优秀案例与突破性进展。

表6-1 现行政策的ESG报告披露时间要求

企业类型	披露时间要求	指引文件
央企控股上市公司	无具体要求，但上市公司应按照上市场所要求的时间进行披露	《提高央企控股上市公司质量工作方案》 《关于新时代中央企业高标准履行社会责任的指导意见》
沪深北证券交易所上市公司[①]	在每个会计年度结束后4个月内编制发布，披露时间应当不早于年度报告	《可持续发展报告指引（试行）》
香港联交所上市公司	与年度报告同时披露	《ESG报告守则》

---

① 2024年4月12日，沪深北证券交易所《可持续发展报告指引（试行）》要求应当披露ESG报告的公司为上证180指数、科创50指数、深证100指数、创业板指数样本公司以及境内外同时上市的公司（指在境内发行A股或B股，同时在境外发行H股、D股等境外股本以及存托凭证GDR的上市公司）。沪深证券交易所其他上市公司、北交所上市公司为鼓励自愿披露ESG报告。

六、ESG信息披露与ESG管理

续表

企业类型	披露时间要求	指引文件
企业自愿实施（现阶段暂不对实施范围做规定）	与财务报表同时对外披露，监管部门另有要求的除外	《企业可持续披露准则——基本准则（试行）》

2. ESG信息披露渠道

随着我国ESG理念的不断深化，ESG信息披露渠道日益多样化，包括了监管指定渠道、第三方评级与专业平台、企业自身渠道、行业公共平台等。

监管指定渠道：上市公司主要通过监管指定渠道进行ESG信息披露，包括沪深北证券交易所的官方网站、港交所披露易平台，以及证监会指定的上市公司信息披露平台巨潮资讯网等。

第三方评级与专业平台：评级机构通过收集企业公开披露的信息进行ESG评级，企业可与评级机构建立联系，主动提供或补充ESG信息作为评级依据，争取更好的评级结果，增加市场曝光率。数据公司搜集整合企业公开数据，并对数据进行清洗、预处理等，从而提供ESG数据查询、舆情监测等服务，企业可与数据公司加强沟通，直观、快速地了解同行业ESG表现，减少ESG负面事件的不利影响，促进自身ESG信息披露水平提升，降低ESG管理风险。

企业自身渠道：企业可在官网或微信公众号设立专门的ESG信息披露板块，发布ESG报告、ESG政策、ESG亮点实践和绩效等，便于投资者等利益相关方随时查阅企业的ESG信息，增强信息透明度。

行业公共平台：行业公共平台通常由行业协会或权威机构搭建，具有较高的公信力。企业通过行业公共信息平台披露ESG相关信息，不仅能够借助平台的权威性和标准化优势，降低披露成本，还能通过精准传播提升品牌影响力。

此外，企业还可选择具有影响力的媒体或刊物进行ESG信息披露。形式多样的ESG信息披露渠道，在引导企业规范披露、提供行业对标、推动信息共享以及扩大品牌影响力等方面发挥重要作用。企业可依据监管要求，结合自身需要选择合适的披露渠道，更清晰、更全面、更有效地披露ESG信息。

（二）ESG绩效监测与管理

ESG绩效监测与管理是响应监管要求、顺应政策导向的重要举措，旨在保障信息披露合规有效。ESG信息披露监管要求的不断趋严，促使ESG信息披露透明度持续提升，ESG信息质量的重要性日益凸显。在此背景下，ESG信息的完整性、真实性、可比性逐渐成为下一阶段发展的核心挑战。例如，上交所在《推动提高沪市上市公司ESG信息披露质量三年行动方案（2024—2026年）》中明确，鼓励上市公司开展第三方鉴证或审验，逐步提高ESG报告数据的可靠性、可信度；提出进一步加强ESG信息披露监管，加强对上市公司ESG信息披露真实性、准确性和完整性的审核；推动上市公司ESG评级水平的提升，以及ESG数据信息在各类场景中的应用。国资委在《提高央企控股上市公司质量工作方案》中提出探索建立健全ESG体系，进一步完善ESG工作机制，提升ESG绩效，构建具有中国特色的ESG绩效评级，推动央企控股上市公司ESG专业治理能力、风险管理能力不断提高。

ESG绩效监测与管理可满足利益相关方特别是投资者评判企业可持续发展表现的需要，为他们提供ESG信息和数据支持。ESG绩效表现能够为投资者提供更全面的风险评估视角，这些非财务信息能够帮助投资者识别企业可能面临的潜在风险，如环保合规风险、社会声誉风险以及治理结构效能低下等，从而更好地管理投资组合风险，降低潜在损失，确保稳定的可持续收益。ESG绩效表现反映了企业应对可持续发展机遇与风险的能力，随着社会对可持续发展的关注度不断提高，投资者更倾向于选择ESG表现好的企业，以践行责任投资理念，推动社会良性发展。

ESG绩效监测与管理旨在提高企业识别、评估和管控可持续发展相关风险和机遇的能力，同时提高ESG管理和实践能力。ESG信息反映了企业管理各项可持续发展议题工作的具体进展与成效，能够直观展现企业在业务细分领域的管理情况及变化趋势，从而为企业提升ESG工作水平提供依据。

综上，企业应树立强化ESG数据治理的意识，加强对ESG审验、ESG评级等外部评价的认识，构建符合政策和监管要求、适应自身发展的绩效管理体系，增强ESG数据的准确性、可比性，同时明确ESG管理工作责任，细化ESG工作任务，提高部门联动协作水平，最终实现ESG管理工作的常态化运营、长效化发展。

1. 开展ESG数据审验

（1）ESG审验发展趋势

近年来，全球企业ESG报告密集发布，在可持续发展呼声接连不断的同时，市场质疑、担忧ESG信息质量的声音层出不穷。全球各地区市场积极出台政策鼓励企业进行可持续/ESG审验，我国证监会将研究推动ESG信息的外部审验和鉴证，持续提升上市公司ESG数据的准确性和披露质量。[①]《可持续发展报告指引（试行）》对聘请了第三方机构进行鉴证或审验可持续发展报告的公司，在第三方机构的独立性、资质和经验以及审验的依据、程序和结论等信息披露方面提出了要求。上交所发布《推动提高沪市上市公司ESG信息披露质量三年行动方案（2024—2026年）》再次鼓励公司就ESG报告开展第三方鉴证或审验，或就ESG报告中的碳排放、污染物排放等重要议题分步骤实施第三方鉴证或审验。可持续/ESG信息第三方独立审验由"鼓励自愿"向"强制要求"过渡，或将成为未来趋势。

表6-2 现行政策的ESG审验要求

企业类型	审验要求	指引文件
央企控股上市公司	附件2-《央企控股上市公司ESG专项报告参考指标体系》中的G4.2 信息披露质量指标作为基础披露项，要求描述企业对所披露的信息进行定期监督、审计和评估的情况；附件3-《央企控股上市公司ESG专项报告参考模板》中纳入了第三方评价报告，包括但不限于第三方独立验证，或者行业专家、外部机构对ESG专项报告做出的评价	《关于转发〈央企控股上市公司ESG专项报告编制研究〉的通知》及附件

[①] 2024年10月16日至19日，2024第四届ESG全球领导者大会，证监会首席风险官、发行司司长严伯进在会上发言。

六、ESG信息披露与ESG管理

续表

企业类型	审验要求	指引文件
沪深北证券交易所上市公司	企业聘请第三方机构对可持续发展报告进行鉴证或审验的，披露该机构的独立性情况、与披露主体的关系、经验和资质、鉴证或审验报告；鼓励企业聘请第三方机构对公司温室气体排放等数据进行核查或鉴证	《可持续发展报告指引（试行）》
香港联交所上市公司	鼓励企业取得ESG报告独立验证，加强ESG资料的可信性	《ESG报告守则》
企业自愿实施（现阶段暂不对实施范围做规定）	鼓励企业提供独立的可持续发展报告鉴证声明；企业计量和监控可持续风险和机遇的指标，以及衡量管理绩效的指标，应当说明指标是否以及如何经独立第三方验证	《企业可持续披露准则——基本准则（试行）》

国际会计师联合会（IFAC）及AICPA & CIMA国际注册专业会计师公会联合发布的数据显示，2020年约有58%的受访企业对ESG报告进行第三方审验或鉴证，2022年此比例增加至69%。根据中诚信绿金统计，在已发布可持续发展相关报告的A股和中资港股上市公司中，开展可持续/ESG审验/鉴证的比例持续提升，2023年审验/鉴证比例增长至6.9%。预计在未来利益相关者的关注和政策的支持下，可持续/ESG信息第三方独立审验/鉴证将越来越受到重视。

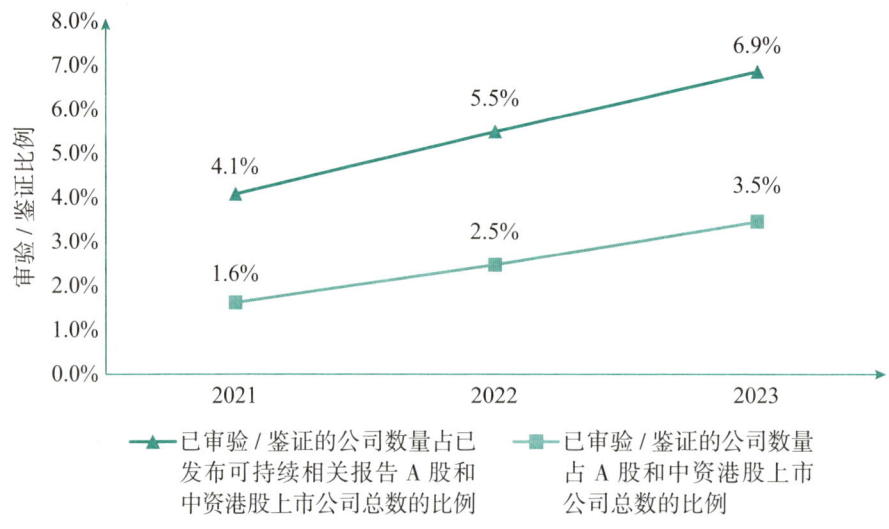

数据来源：中诚信绿金统计

图6-1　A股和中资港股上市公司可持续相关报告审验/鉴证比例

（2）ESG审验的必要性

与传统财务报告要求相仿，经过第三方审验/鉴证的ESG报告，数据及信息被市场、投资者认可、采信的程度会更高，利益相关方能够更加确信报告内容真实、可靠。尽管监管部门尚未统一ESG报告应采用的鉴证/审验标准，但提升ESG报告信息全面性、真实性和可比性已成为必然趋势。市场中存在部分企业虚增环境绩效、实施"漂绿"的典型案例，这种行为亟须通过第三方鉴证/审验ESG报告来遏制。

可持续/ESG信息审验将有效提升企业自身质量和合规管理水平。高质量的可持续/ESG信息披露，离不开企业的内外部监督。可持续/ESG信息作为非结构化的数据，在统计、核算和处理等过程中存在很多的不确定性，第三方审验能够对报告质量起到督查作用，通过审验过程中发现的问题，帮助企业及时改进和提升可持续/ESG相关信息披露的质量和报告的规范性，推动企业夯实底层数据和内控建设，为高质量发展注入动能。

此外，可持续/ESG信息审验有助于提升资本市场的ESG评级表现。在中诚信绿金、标普、CDP、Ecovadis等国内外主流ESG评级体系构建中，均将定量与定性信息的可信度纳入权重考量，ESG数据审验也是衡量企业重视ESG数据管理的重要指标，系统实施可持续/ESG审验不仅有助于提升企业评级排名，更能增强资本市场认同度，塑造可持续投资吸引力。

（3）ESG审验标准

目前，国内外企业披露的ESG报告采用了不同的审验/鉴证标准，主要包括国际审计与鉴证准则理事会（IAASB）《国际鉴证业务准则第3000号（修订版）——历史财务信息审计或审阅以外的鉴证业务》（ISAE 3000）、《国际鉴证业务准则第3410号——温室气体报表鉴证业务》（ISAE 3410）、AccountAbility制定的《AA 1000审验标准 v3》和国际标准组织（ISO）制定的《ISO 14064-3温室气体鉴证标准》。

随着全球企业ESG报告披露比例持续攀升，ESG报告审验/鉴证标准制定机构也加快节奏，以响应市场对真实、准确ESG信息的需要。AccountAbility在2024年10月发布《AA 1000审验标准 v3-审验温室气体排放指南》，回应全球敦促企业参与气候治理、披露自身温室气体减排计划的合规性要求。2024年11月，国际审计与鉴证准则理事会（IAASB）针对ESG报告专门发布了《国际可持续发展信息鉴证准则第5000号——可持续发展信息鉴证业务的一般要求》（ISSA 5000），该标准通过构建统一的鉴证框架，不仅有效应对ESG报告鉴证需求激增的市场现状，更推动ESG鉴证体系向标准化、专业化纵深发展，从而显著提升ESG信息的社会信任度与国际认可度。

2.关注ESG评级结果

（1）ESG评级的价值

ESG评级通过系统化构建评估方法和指标体系，能够有效衡量企业ESG绩效表现和潜在风险水平。参与ESG评级的过程有助于识别企业在ESG管理和实践上存在的不足，为企业提供具体的改进建议；基于ESG评级结果，能够更加清晰地了解企业在同业可持续发展中所处的位置，推动企业将ESG目标融入公司顶层设计，明确各部门的职责分工，合理配置资源，建立绩效考核标准。此外，持续监测和跟踪ESG评级动态，有助于督促企业优化ESG管理流程，显著提高企业的风险管理水平和运营效率。

全球不同ESG评级机构发布的评级结果为投资者提供了关于被评价对象是否具备稳健治理结构及可持续发展能力的重要参考依据。通常情况下，获得较高ESG评级的企业往往被视为拥有更为完善的管理体系和更强的风险管理能力。因此，积极参与ESG评级对企业而言不仅是展示其负责任形象的方式，更是增强外界对其长期发展潜力信心的有效途径。

进一步来说，参与ESG评级可以帮助企业发现自身在信息披露透明度及管理效率等方面存在的问题或短板，有针对性地进行优化提升，从而使企业更容易得到主流可持续发展相关组织的认可，并吸引更多关注可持续发展议题的投资者目光。随着越来越多的资本开始重视非财务因素对企业价值的影响，良好的ESG绩效将成为吸引优质投资的关键竞争力量之一。

除此之外，通过动态跟踪外部评级结果，企业可以不断调整和完善ESG战略框架，保持行业领先地位。持续地自我审视与提升有利于企业构建和优化科学合理且符合时代发展趋势的ESG管理体系，进而在全球范围内树立起良好品牌形象，保持长期稳健发展。

（2）ESG评级的选择与应用

为了便于市场快速了解、比较企业的ESG表现与ESG风险管理水平，ESG评级机构将企业披露的ESG信息进行整合，构建ESG评级模型进行评估，得出ESG评分、ESG评级结果，并被应用于机构投资、信贷风险管理等多个场景。

资管机构、公募基金等投资主体在投资策略中纳入ESG因子进行考量，筛选出可持续发展能力强、具备长期投资价值的公司优先投资；银行等融资机构在信贷客户全流程风险管理中纳入ESG评级指标或直接应用ESG评级结果，为高ESG评级、低ESG风险的企业提供融资支持。

基于不同的用途和场景需要，目前国内外形成了多种类型的ESG评级体系，国际ESG评级包括MSCI、CDP、EcoVadis、标普全球等，国内ESG评级机构包括中诚信绿金等，以及中证、国证等指数编制公司。不同的评级结果在不同场景下关注度不同，例如，企业的购买方（供应链链主）要求企业反馈可持续发展情况，可能要求企业填写CDP问卷、EcoVadis问卷以确认企业ESG评分；出海型企业更关注国际主流评级机构给出的ESG级别来作为合作基础或限制要求。企业可以结合自身业务特点和属性，选择需要关注的ESG评级机构，通过系统性研究评级方法、对标同业优秀企业，持续提升ESG级别。

目前，越来越多的基金公司、投资机构、跨国公司日趋关注企业的ESG评级表现，企业可将外部需要与内部管理相结合，将ESG管理融入日常经营，实现内外兼顾，以保证和进一步推动ESG评级的提升。

企业可以通过以下步骤，了解ESG评级情况，开启ESG评级管理工作。
- 企业可在ESG评级机构官网查询公司评级表现；
- 如有历史评级结果，企业可了解评级机构关注的评级指标，评级过程和结果，对比同业标杆公司的ESG表现情况，找出差距和不足；
- 如企业没有历史评级，企业可联系评级机构主动提供相关可持续发展信息或填写问卷，获得企业ESG评级；
- 企业可结合自身需要，关注特定ESG评级的评级方法，与评级机构建立沟通联系；
- 企业主动向ESG评级机构补充提供缺失的ESG信息，或在编制可持续发展报告过程中有针对性地披露相关ESG定性、定量信息；
- 获取ESG战略咨询、管理咨询机构的帮助和指导，在企业内部建立一套完整的ESG管理流程和制度，形成企业特有的ESG管理体系，优化企业ESG管理，便于提升企业ESG级别。

3. 搭建ESG指标体系

企业持续优化ESG管理，需要搭建适应自身发展情况的ESG指标管理体系。企业ESG指标管理体系的搭建应该具备全面性、完善性、前瞻性，同时需要符合行业特性。指标体系搭建的目的是支撑公司持续优化ESG管理，厘清ESG管理范围，明确ESG职责部门，精准实现ESG数据报送，完善ESG管理流程。

此外，需要充分参考国内外通用ESG指引，跟踪境内外评级机构对企业的ESG评级动态，与客户、供应商等利益相关方保持沟通，识别其关键议题，并在此基础上构建企业ESG指标体系，规范指标的记录方式、统计范围、统计周期以及统计方法。不同行业以及主营业务不同的企业，涉及的可持续发展议题和关注指标具有巨大的差别，同时，客户、投资人关注的重点和监管机构要求披露的ESG信息，在议题细分层级、内容方面也各有侧重。因此，为满足多种群体对ESG信息的不同需求，在企业内部建立一套完整且深度结合业务特点的ESG指标管理体系是十分必要的。

（1）ESG指标体系搭建目的

企业通过构建和完善ESG指标体系，健全企业ESG数据管理机制，为公司的长期ESG战略提供坚实支撑。通过指标体系搭建，可厘清ESG指标的管理流程，确保ESG管理工作的实际执行，形成有效的推进手段，增强企业ESG数据的可比性和透明度，以满足日益增长的外部披露要求和评级提升需求。此外，完善的ESG指标体系可帮助企业评估ESG管理绩效并开展同业对标，为ESG管理决策提供依据，深化企业内部对ESG指标的理解和应用，助力公司实现可持续发展目标。

（2）ESG指标体系设置原则

ESG指标体系在具备合理性、有效性和可衡量性的基础上，能够对企业管理工作产生积极的促进作用，便于企业能够跟踪ESG相关工作的进展，发现并总结不足，进而在未来进行适时的改进与完善，以推动企业的持续发展。

合理性：合理性原则要求ESG指标体系应与企业实际情况、行业特性和利益相关方期望相符合。具体包括：所设置的指标符合企业战略定位和发展规划，能够促进战略目标的实现；体现行业特点，聚焦行业领域的机遇与挑战，具有针对性和实用性；满足利益相关者的需求，回应利益相关方关切，具有全面性和包容性。

有效性：有效性原则要求ESG指标体系能够真实反映企业ESG表现，并为企业带来实际的改进和提升。具体包括：所设置的指标可以引导企业采取积极的ESG行动和措施，推动企业实现可持续发展；提高企业ESG信息透明度，便于利益相关方监督和评价；能够为企业制定可持续发展相关决策提供有用信息，为决策层提供支持。

可衡量性：可衡量性原则要求ESG指标体系具有明确的统计口径、衡量标准和计算方法，确保指标可量化、对比。具体包括：所设置的指标内涵和边界清晰；能够采用标准的衡量方法和计算方式来评估；能够定期调整与优化，保障准确性和实用性。

（3）ESG指标体系建立流程

ESG管理工作覆盖面广，几乎贯穿企业采购、生产及运营等所有环节。ESG指标体系为企业开展ESG管理工作提供基础，便于准确定位、快速应对，减少对企业正常运营的干扰和管理负担。企业可参照以下实施路径选取ESG指标进行ESG指标体系搭建。

- 基于企业的愿景和价值观，明确企业的核心使命和长期发展方向，并综合考虑企业规模大小、股权架构、业务覆盖地区等现状，选取与企业战略目标方向一致、业务实际匹配的ESG指标。
- 充分考虑利益相关方的需求和期望，综合利益相关方的意见和建议，提高ESG指标的针对性。
- 参考行业标准和最佳实践，关注国内外最新的ESG标准和指南，吸收同行业领先企业的ESG实践经验，了解同业企业的ESG指标设置和实施情况，筛选出具有行业特色的指标。
- 关注主流评级机构的ESG评级体系，扩充指标来源，提高指标可操作性和适用性。
- 明确ESG指标的定义和范围，确保所选取的指标具有清晰、具体的内涵。
- 优先选择可以被量化的指标，明确指标统计口径及核算标准，增强指标可比性。

此外，企业应推进ESG指标与责任体系、考核机制的深度衔接，明确归口管理单位或部门，将指标纳入绩效考核体系，推动落地实施，跟踪已制定的指标完成情况，关注影响指标表现的因素变化，及时对指标进行调整和优化。

（4）ESG指标体系监测

在ESG指标管理体系应用中，应及时根据外部环境及政策变化进行更新。随着国内外政策环境、行业等因素的变化，以及与利益相关方沟通互动情况，企业持续修正ESG指标管理体系并完善ESG管理工作。企业应关注应用效果，及时进行总结优化。通过ESG指标体系应用后的数据汇总，与前期数据对比，总结分析ESG绩效表现，提升ESG管理水平。

4.提升ESG数据治理水平

随着ESG数据应用场景的扩容，对企业ESG数据管理提出更高的要求。一方面是确保数据的准确性与真实性，这是ESG数据应用的核心；另一方面是数据表现的持续优化，更好地展示企业在可持续发展领域的直观绩效。因此，除了搭建ESG管理体系，开展ESG数据管理也是非常重要的工作。上交所出台的《推动提高沪市上市公司ESG信息披露质量三年行动方案（2024—2026年）》，提出加强ESG关键数据汇集和供给，利用大数据技术和人工智能算法，探索开发ESG报告关键数据采集提取功能，形成上市公司ESG数据库，并推送给投资机构、评级机构等。由此可见，ESG数据的应用将随着监管的推动越来越广泛，开展规范化的ESG数据管理是重要的基础工作。

（1）ESG数据治理流程

ESG数据治理作为企业ESG管理的关键一环，其实施有助于提高企业ESG数据获取的便捷性、准确性和及时性，有利于企业优化ESG信息披露、提升量化数据精准度，助力企业ESG绩效管理与提升、资本市场ESG品牌塑造。开展ESG数据治理可以从以下几方面着手。

- 对企业现有的ESG数据指标进行全面调研和评估，识别数据质量问题和改进空间。
- 结合企业ESG指标管理体系，设计并实施ESG数据收集、整理的标准化流程。
- 对企业员工进行ESG数据治理的培训和指导，提升全员对ESG数据治理的认识和参与度。
- 通过完善数据指标的标准化和归一化，保障收集数据的准确性和可比性。
- 明确指标定义、收集范围、口径和方法，并形成标准化文档，为公司提供统一的ESG数据管理方法和流程。

表6-3 定量指标标准化收集示例——大气污染物（锅炉气体）

定义	按区域划分的大气污染物（锅炉气体）排放总量，包括废气排放总量和其中各类污染物重量（包括NO_x排放量、CO排放量、SO_2排放量、颗粒物等）
单位	标准立方米、吨
统计周期	年
统计口径	统计包括集团公司本部及附属公司
统计路径	由各附属公司/运营部统计，由本部统一提报
统计方法	A.统计用于各类锅炉的废气排放总量（标准立方米）、各类污染物的重量（吨），包括锅炉、电炉、热氧化炉等； B.数据来源：（a）上报当地环保局的排污申报数据；（b）在线监测数据；（c）环保局监测站或有资质的第三方检测单位制作的环境监测报告等； C.区域包括本部和各附属公司/运营部
举例	运营地区　废气排放总量（标准立方米）　污染物的重量（吨）

（2）ESG数据管理系统

为更加高效便捷地统筹ESG数据的收集、分析和管理，部分企业已经率先开展ESG信息管理系统的科学研究与搭建工作，在规范ESG数据收集、存档、查询、统计、监测和对标分析等方面为企业提供有效支持。ESG数据系统的搭建不仅可以提高公司ESG数据统计和管理的精准度，整体提升ESG信息披露的准确性、全面性、便捷性及规范性，同时还可以实现公司ESG工作的数字化管理，提升公司风险管控能力和ESG管理效能。

构建全面的ESG数据集成平台，便于企业高效地收集、存储和处理不同来源和格式的数据，确保数据的准确性、完整性和一致性，同时满足企业实时性和可访问性的需求，助力优化ESG管理需求。ESG数据管理系统包含数据采集、数据计算、展示功能、数据对比等几种功能。

一是数据采集。系统根据企业ESG指标管理体系明确的详细指标内嵌ESG数据点创建收集指标清单，并对公司已有信息系统进行调研、分析、改造和连接。

二是数据计算。基于系统抓取信息和填报信息如用电量、汽油消耗量等，通过内嵌模型以及计算公式和因子，生成综合能耗数据、碳排放数据等数据。

三是展示功能。系统提供驾驶舱功能，可以在数据大屏上直观展示一段时间内公司总体能耗数据、排放数据等ESG指标实践情况。通过后台配置，便于管理者进行趋势分析，同时支持各项指标的阈值配置，对完成度不好的指标进行预警提示。

四是数据对比。引入外部同行业ESG表现优异的公司公开披露的ESG相关数据，内嵌到系统中，便于企业及时掌握行业动向、更全面了解同行业企业的ESG表现，开展行业对标及管理提升工作。

ESG数据管理平台中的管理流程将促进各部门紧密协作，形成有效的沟通机制和协作流程，在确保数据安全和隐私安全的前提下，实现数据的开放共享和有效利用，促进企业内部相关信息共享和资源整合。

ESG数据管理是ESG综合管理系统中核心的功能板块之一。企业也可以通过ESG综合管理系统，开展ESG评级管理、ESG报告生成、ESG供应链管理、气候风险管理等工作，推动公司将ESG全面融入日常运营和管理中，促进公司ESG工作全面、协调、高质量发展。

六、ESG信息披露与ESG管理

图6-2 中诚信绿金企业ESG智能管理平台

5.监管制度及行业动态监测

随着国家对绿色金融、可持续发展和社会责任的重视，相关政策和标准逐步出台，对于不同类型企业提出不同优先级的要求。同时，海外ESG政策频出，对出口型企业的影响是多方面的，涉及市场准入、合规管理、运营成本、品牌形象以及长期可持续发展等多个层面。因此，企业需要结合企业性质、业务范围、价值链范围等维度进行ESG监测，及时掌握ESG要求，降低合规风险，推动业务稳健发展。

在当前全球化背景下，各国政府和国际组织越来越重视可持续发展，促使企业调整战略以适应不断变化的监管环境。中国作为全球最大的发展中经济体之一，可持续发展政策的推进尤为迅速，目前明确以部分上市公司为范围的强制披露范围，使可持续发展成为合规要求。对出口型企业而言，海外市场的ESG政策同样不容忽视，许多国家和地区已经将ESG因素纳入贸易协定和投资决策中，这标志着企业若想进入或保持在国际市场上的竞争力，就必须遵守当地的ESG标准。例如，欧盟碳边境调节税（CBAM）

通过调整商品所含碳排放量在欧盟边界内外的定价差异，实现"碳平价"，导致范围内行业对欧出口成本增加，降低了产品竞争力；同时，欧盟客户可能会对降低产品碳排放量提出更高的要求。相关企业应明晰CBAM法案要求，识别出口产品是否在管控范围内，积极做出应对。对于特定行业已建立的ESG合规标准或倡议，我国企业同样需要密切关注，例如，全球电子行业的责任商业联盟RBA行为准则，以及供应链方面电信行业的JAC指南或汽车行业的全球汽车工业行动组织（AIAG）指南等。

面对国内外日益严格的ESG政策，企业不仅需要采取积极措施来应对挑战并抓住机遇，更应该针对ESG监管制度及行业动态进行监测与跟踪，确保满足合规合法要求。首先，企业应结合企业类型，明确监管要求。例如，针对国央企应重点关注国资委ESG要求，上市公司应重点关注证监会及证券交易所相关可持续发展要求，并做到动态监测与管理。其次，企业应关注价值链ESG管理要求，明确上下游合作伙伴可持续发展要求，并积极响应，确保业务合作的稳定性。再次，企业应关注业务所在区域可持续发展要求或限制，做好风险识别、管理与应对。最后，企业也应关注行业发展要求，一方面掌握行业可持续发展相关强制要求，另一方面关注行业优秀实践，为提升企业可持续发展能力提供参照准绳。目前，诸多行业已发布ESG相关标准，便于行业内企业识别行业关键指标，精准开展ESG管理工作。

可持续发展要求已经成为企业发展过程中重要的管理内容。首先，企业应建立健全内部ESG管理体系，确保从原材料采购到产品销售整个链条都符合相关标准，不仅有助于降低合规风险，更能助力提升企业的品牌形象和市场竞争力。其次，企业可以通过技术创新和管理优化来提高能源效率并减少碳排放，从而满足国际市场的绿色与低碳发展需求。最后，企业可以加强与政府机构、行业协会及非政府组织的合作，积极参与国际ESG标准的制定，更好地理解并适应全球ESG趋势。

（三）利益相关方沟通

利益相关方管理是ESG工作中的重要组成部分，企业应与内外部利益相关方进行有效沟通，了解他们的期望及需求，并与之建立及维持良好关系。这种沟通有助于企业全面掌握对自身而言的重要ESG议题，有效地提升利益相关方对自身在企业运营中的参与感，进而增进对企业的信赖。提升沟通透明度有助于建立和维护良好的企业形象，利益相关方的声音代表其期望和需求，将利益相关方的意见融入企业ESG管理中，有助于企业制定更加全面和可持续的发展战略。

根据沪深北证券交易所《可持续发展报告指引（试行）》的定义，利益相关方是指权益受到或可能受到企业活动影响的个人或团体，如员工、消费者、客户、供应商、投资者等。《企业可持续披露准则——基本准则（试行）》明确了投资者、债权人为可持续信息的基本使用者；明确其他利益相关方，是指其利益受到或者可能受到企业活动影响的群体或者人员，如员工、消费者、客户、供应商、社区以及企业的业务伙伴和社会伙伴等。所处不同行业、地区的企业，实际面对的利益相关方可能具有一定差异，尤其是因企业具体创造价值、带来收益的业务在整个产业价值链的不同，其利益相关方会有不同的侧重。因此，开展利益相关方管理及沟通需要建立明确的工作流程与管理机制。

明确识别利益相关方：开展利益相关方管理工作应开展识别工作。按照内部与外部相关方两个维度进行区分。其中内部相关方一般包括员工、高层管理、内部客户等；外部相关方一般包括客户、供应商、合作伙伴、投资人及债权人、政府机构及社会组织。需要结合参照的指引，明确重点范围。

分析利益相关方的期望和需求：明确利益相关方范围后，可通过访谈、问卷调查等方式，了解每个利益相关方关注的ESG议题内容，明确具体期望和需求，使用分析矩阵等工具，对利益相关方关注的ESG议题进行分类和优先级排序。

制定并实施管理策略：根据重要性评估的结果进行分析，制定差异化利益相关方管理策略，确保在满足各利益相关方合理诉求的同时，推动自身战略目标的实现，最终达成多方共赢的可持续发展格局。

建立有效的沟通机制：公司应制订详细的利益相关方沟通计划，明确沟通目标、内容、方式和频率，可采用多种沟通方式，如会议、邮件、报告等，确保信息准确传达。此外，还可以通过供应商大会、行业论坛、售后回访、满意度调查，职工代表大会等多元化的方式保持沟通。

持续监控与调整：根据可持续发展政策环境等的变化，适时调整管理策略与重点方向，以保持相关方的积极参与和支持。定期评估利益相关方的满意度和参与度，及时发现问题并解决。

利益相关方管理在ESG工作中扮演着至关重要的角色。企业建立透明的沟通机制，有利于增强利益相关方的信任和支持，促进企业可持续发展战略的实施，提升企业的竞争力和市场地位。因此，企业在ESG工作中应高度重视利益相关方的管理与沟通，将其纳入战略规划和日常运营中。

（四）优化企业ESG管理

1. 制定ESG发展战略

ESG发展战略对于企业的长远发展具有重要意义。通过制定和实施ESG发展战略，可指导企业系统性地开展ESG管理工作，助力企业满足监管要求塑造企业品牌形象，降低ESG风险，实现可持续发展目标。因此，企业应重视ESG战略规划，将其纳入企业的整体发展战略中，以实现长期的竞争优势和可持续发展。

（1）ESG现状调研与分析

企业应结合ESG表现情况、针对行业内外部政策环境与同行案例对标分析，结合利益相关方与资本市场关注重点，开展前期调研分析。

外部政策环境分析：全面分析外部ESG环境趋势，深入剖析外部环境，包括国家政策、证券交易所监管、ESG发展趋势等多重影响，有效识别企业现在及未来发展中存在的ESG机遇与挑战，为后续的战略规划奠定坚实的基础。

利益相关方关注：ESG战略既要考虑到与企业业务之间的关系，又要考虑到利益相关方的期望。通过调研、问卷等方式了解、获取内外部利益相关方对企业的关注和期望。结合利益相关方与资本市场关注重点，明确与企业高度相关的ESG实质性议题。

开展同业ESG调研：结合企业关注及对标的同业名单，开展优秀同业ESG调研。调研可关注同业在ESG领域的先进经验与具体举措，从同业ESG战略方向、ESG实施路径等方面梳理同业ESG进展情况。

ESG基线分析：企业通过分析ESG管理水平现状，全面了解企业主要业务部门、职能部门ESG工作情况，采用会议、访谈、问卷等调研方法，系统了解企业现有的主要政策规划和制度文件，并从公司发展目标、战略规划等角度寻找与ESG的契合点、梳理分析ESG相关议题的重要性排序。

ESG战略的内容分析：企业综合考虑重要性ESG议题及可匹配的资源支持，确定需要制定的短中长期战略的覆盖期间及具体内容。对于利于企业发展的可持续相关机遇，可开展调研、可行性分析，将业务发展机会、收入增长点在ESG战略中进一步阐述，结合宏观环境、产业环境分配在短期、中长期的战略中。

（2）ESG战略目标与路径制定

企业可以按照金字塔式自上而下开展ESG战略制定框架，包括企业愿景、使命以及价值观、战略目标、实施计划等内容，层层关联递进。

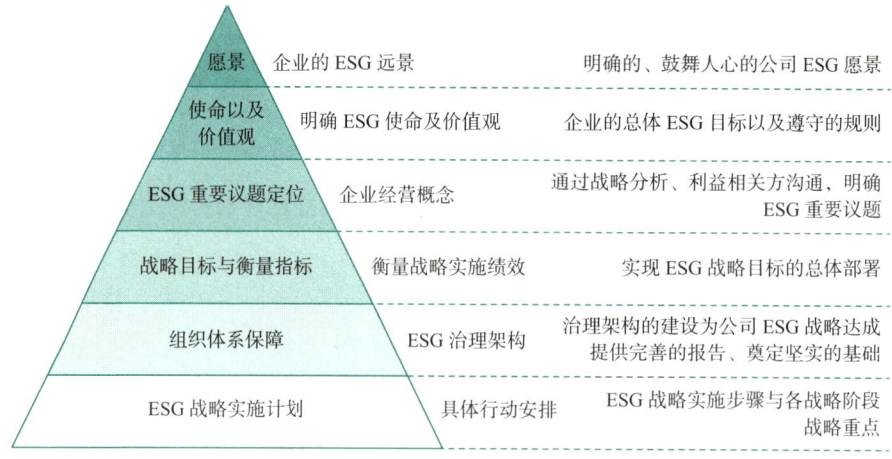

图6-3　ESG战略制定框架（示例）

战略制定：通过调研了解公司各级管理层的发展意愿与战略定位，并有效结合丰富的ESG战略规划项目实施经验，对企业的战略愿景、使命及价值观进行提炼总结，形成对于发展战略的高度概括，并设计总体战略方向，确定企业未来长期和短期的ESG战略发展目标。

目标制定：科学化的ESG目标能够推动公司更加系统性地识别、评估和管理自身的ESG工作，企业需针对可能对公司产生重大影响的议题进行有步骤、有计划的管控，设立E、S、G维度的远期和近期目标，提升企业风险管理水平和ESG绩效水平。

表6-4　ESG定量与定性目标制定示例

维度	定量目标示例	定性目标示例
环境	减排目标 绿色技术创新目标 清洁能源利用目标 ……	气候财务风险与机遇全面分析评估 环境信息有效测算与披露 ……
社会	客户满意度 创新研发投入 ……	社会公益开展 员工综合水平促进提升 ……
治理	女性管理者占比提升目标 ……	建立ESG管理体系 董事会监管程度和方法 ESG信息披露科学化管理 ……

行动路径：通过与专家研究、管理层讨论，结合企业内部ESG指标体系以及借鉴对标公司的ESG管理措施，提出ESG管理行动路径与行动细则，有效确保ESG目标的达成。

监测变动：企业需要与外部利益相关方持续沟通，在政策环境、产业政策、技术突破、客户采购趋势等变化下ESG议题优先项可能会发生调整，需要动态监测企业ESG发展战略的匹配度，及时采取行动。

总的来说，ESG发展战略搭建的工作流程是一项系统化工作，涉及多个关键步骤。通过精准调研及明确流程，确保ESG战略的有效实施，并在环境、社会和治理方面取得持续改进，推动企业可持续发展，塑造企业品牌形象。

2. 优化ESG治理架构

ESG管理工作融入企业自身经营的过程，需要建立一套清晰、明确的ESG治理架构，在决策层、管理层、执行层三个层面逐步落实ESG具体工作。ESG治理架构需要符合企业已建有的组织结构、企业治理体系，因此企业设立的ESG治理架构没有普适、统一的标准答案，但应具备的治理环节或者角色作用是必要的。

（1）ESG治理架构搭建

企业开展的可持续发展工作涉及领域广泛且复杂，渗透在价值链的每一环节，要有效推进ESG管理必须依托公司治理架构，逐步细化、延伸至具体业务层面。建立独立的ESG治理架构，辅以相应的制度、流程，能够为企业注入可持续发展动力，推动其迈入高质量发展新阶段。

跨国企业在ESG管理方面的经验较为成熟，已有专门设立首席可持续发展官（CSO）、企业社会责任官等实例。我国尚处在发展早期阶段，缺乏可持续发展相关管理经验的专业人才。因此，在企业内部构建一个自上而下、跨部门协作的ESG治理团队更具现实可行性。ESG治理架构通常包括决策、管理、执行层面，同时需要各部门、各业务领域的协同配合，以确保ESG工作的有效落实。

在决策层和管理层，ESG治理工作通常包括建立与利益相关方的沟通机制、开展ESG风险管理、制定ESG发展战略与规划、设定ESG发展目标并实施管理、推行ESG绩效考核等，在企业业务规划、战略方向上做出符合企业行业、产品/服务情况的可持续发展工作指导。在执行层，需通过开展企业文化宣导ESG融合培训、特定ESG议题的培训，从而巩固企业ESG

治理架构、提升管理效能与协作效率。

在常见的ESG治理架构设计中,决策层以董事会为核心发挥作用,主要包括董事会整体负责、董事会授权现有委员会负责,以及董事会下设ESG专门委员会负责三种类型。管理层和执行层的选择较为多元,包括在管理层设立ESG管理委员会,在执行层设立ESG执行小组、专项部门或专职岗位。企业可基于现有的决策管理情况构建适合自身的ESG治理架构。我国沪深北证券交易所在《可持续发展报告编制指南》(以下简称《指南》)中向上市公司提供了细化指导和案例说明,以下为《指南》中列举的三种典型的ESG管理决策层模式。

董事会直接决策:董事会负责企业整体ESG决策工作,利于维持现有专门委员会架构及职责不变,对于企业融入ESG管理工作调整较小。

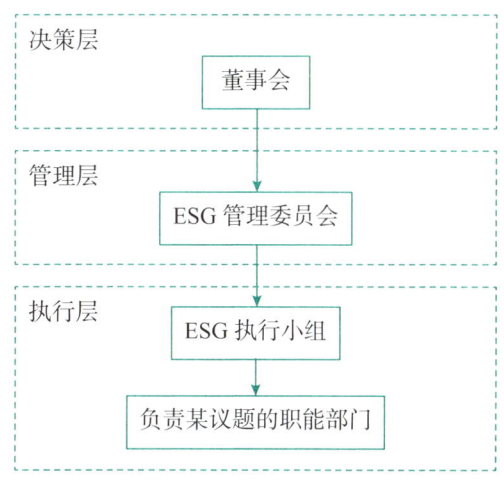

图6-4 董事会直接决策

董事会授权某个或多个现有专门委员会决策:董事会授权某个现有专门委员会负责企业整体的可持续发展工作,例如,将原有"战略委员会"调整为"战略与可持续发展委员会"或"战略与ESG委员会"。或者,授权多个(两个或两个以上)现有专门委员会负责可持续发展/ESG治理工作,例如，审计委员会负责评估ESG相关风险、审查ESG政策和程序，ESG委员会或战略委员会负责制定ESG战略、审议ESG相关提案等，其他委员会定期沟通，确保所有委员会了解影响企业的最新ESG相关议题。

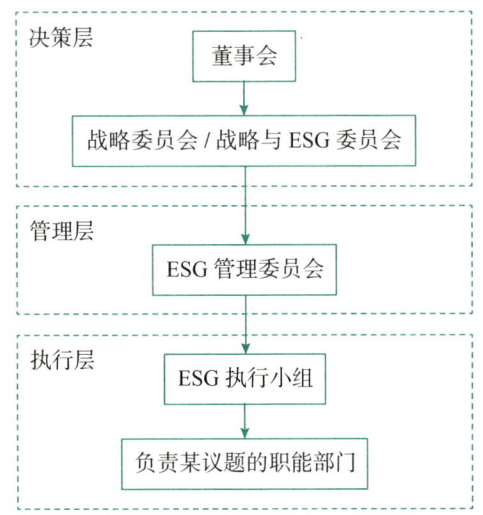

图6-5　董事会授权某个现有专门委员会决策

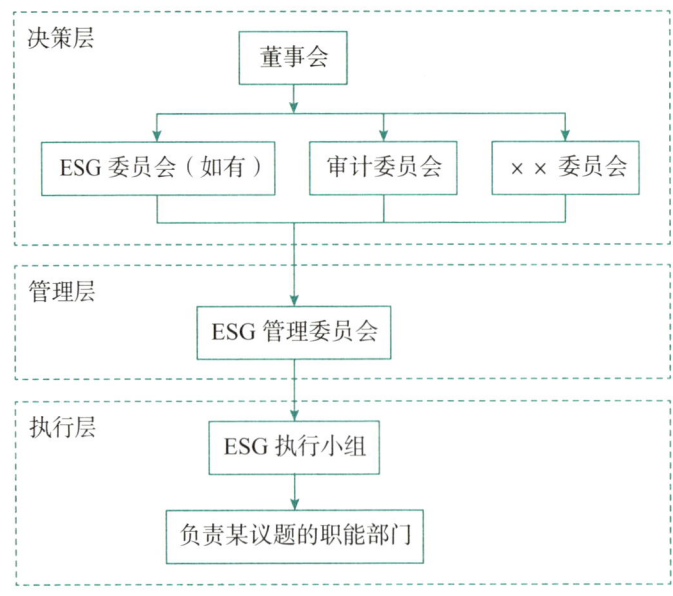

图6-6　董事会授权多个现有专门委员会决策

六、ESG信息披露与ESG管理

董事会新设ESG委员会决策：董事会下设置ESG专门委员会，单独或与其他董事会专门委员会一同协助董事会开展ESG治理工作，便于提升决策效率。

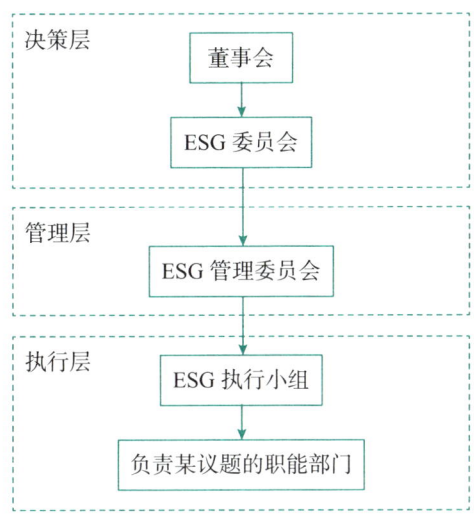

图6-7 董事会及新设ESG委员会决策

（2）ESG架构层级权责

对于企业整体的ESG管理工作，决策层、管理层、执行层需要承担的责任和人员具备的能力要求各不相同，但都需要熟悉与企业发展相关的国内外ESG政策和产业战略，以有助于更加精准地开展可持续发展工作。

决策层：一般由公司董事会成员组成。职责包括监督公司的可持续发展相关影响、风险和机遇的评估；指导及审阅公司可持续发展方针、战略及目标；监督可持续发展相关目标进展及完成情况；审议公司《可持续发展报告》；对可持续发展相关工作执行情况进行监督检查，适时提出指导意见等。

管理层：一般由总经理、部门/子公司负责人等高级管理人员组成的ESG

管理委员会。ESG管理委员会主要负责制定ESG战略，汇报战略实施成果，监督ESG目标进度，评估、管理重要性议题以提供分析、建议供决策层讨论等，权限一般包括成员委任权、获取资源或信息权以及其他要求的事宜。

执行层：成立ESG工作小组，或将ESG具体管理工作纳入某个职能部门如人力资源部、证券部或战略发展部等。在ESG管理委员会指导下，小组由ESG相关的各个部门的负责人及执行人组成，成员要对ESG及公司业务有充分认识。职能权限包括制订符合公司ESG战略目标的具体行动计划，管理公司经营过程中暴露出的ESG风险，制定客户ESG尽职调查细则，推进日常ESG发展工作，收集、整理公司ESG相关数据信息，协助编制规范化的用于公开披露的ESG相关报告，定期汇报管理层等。

各部门：按照公司整体要求，将ESG工作纳入部门职责中，并执行相关工作，如由办公室负责ESG信息对外披露，由安环部负责环境和安全应急保障；由人力相关部门负责员工雇佣、晋升、培训、福利保障等。

3. ESG制度体系建设

制度建设是实现组织目标的重要手段，是运作的参考基石，同时也是推动组织发展的强大助推器。ESG制度建设为企业明确了ESG行为指引和管理流程，通过明晰各部门和员工相关ESG职责、权利和义务，制度规范了企业ESG管理，确保企业内部ESG工作运作有序。与此同时，ESG制度建设也是保障企业ESG持续发展的重要手段：通过明确公司内部ESG职责以及达成ESG目标的措施、途径和方法，有效地为各部门执行ESG工作提供依据和参考，推动企业ESG工作有序高效推进。ESG制度体系建设应从两方面着手，一方面是根据公司ESG管理要求，新增专项ESG制度；另一方面是结合现有制度，融入ESG因素。

（1）ESG专项制度建设

建立专项ESG管理制度。 制定如《企业ESG管理制度》等ESG纲领性文件，并作为其他ESG管理办法或工作规则的制定依据，一般涵盖ESG管理目标、ESG管理内容、ESG组织与职责、ESG管理体系建设要求、ESG培训与交流、ESG信息披露与沟通、ESG报告编制与发布、ESG监督与考核等内容。配套制定《企业ESG具体实施细则》《企业ESG绩效考核办法》及《企业ESG绩效考核细则》等，明确工作流程，建立奖惩机制，推动企业细化、落实ESG工作，激发全员参与ESG管理的积极性。

建立议题相关制度或声明。 目前ESG政策要求持续提升，尤其针对环境、人权等议题关注度及发展要求越来越高。企业可以结合业务发展及自身需求，搭建单项议题制度或声明。如在人力资源方面，企业可根据开展业务的地区、国家不同建立基本的《人权守则》和具体的人力资源管理制度，与当地政策、法规相符合。此外，企业可结合业务情况建立《社区参与承诺与声明》《生物多样性保护承诺与声明》或《应对气候变化承诺与声明》文件，以响应利益相关方诉求，彰显可持续发展决心。

（2）原有制度融入ESG因素

ESG是一项系统性工作，涉及的指标范围广、相关度高，与企业经营管理各方面均息息相关，这种情况下，企业大多已有现行执行的管理制度，需要结合ESG在此维度下的要求，将现行制度进行修订融入ESG因素，确保制度体系的先进性，持续与可持续发展要求接轨。

扩充原有制度的细则文件。 以供应商管理制度为例，企业可将供应商人权、劳工、安全防护、环境保护、商业道德等相关内容的管理程序进行添加与融入，也可通过制定专项《供应商行业准则》或《供应商ESG风险管理办法》达成目标。确保制度中应融合供应商ESG相关管理流程，对供应商人权劳工等相关内容明确管理要求，并建议针对ESG风险进行年度评估，对供应商的风险水平进行等级划分，促进供应商管理能力的提升，降低企业价值链ESG风险。

在原有制度基础上新增条款。例如，在原有采购管理中，新增对采购产品的环保认证或绿色认证要求；在原有员工管理办法中，优化员工职业健康和安全生产作业的内容规范；在原有绩效考核管理办法中，针对各部门或相关人员在ESG管理方面的职责分工，明确ESG绩效目标和考核要求等。

通过现有制度体系的完善，企业能够快速弥补在可持续发展管理方面的差距，升级管理精度及范围，精准提升管理表现。

4. ESG风险管理

ESG风险是指企业在环境、社会和治理三个维度上面临的风险和挑战。这些风险和挑战来自企业在可持续发展背景下面对的新兴风险，也包括企业对环境、社会和公司治理的影响和责任，对企业的声誉、财务表现、业务稳定性和长期发展都有深远的影响。

环境风险主要指企业在生产经营过程中对自然环境产生的各种影响，例如，温室气体排放导致的气候变化、过度消耗资源、废弃物随意丢弃以及各类污染行为等。这些风险一方面可能直接引发物理性损害，比如极端天气事件会破坏企业的基础设施；另一方面，随着环境法规的不断更新和执行力度的加强，企业还可能面临因不符合规定而产生的高额合规成本。

社会风险则是企业在与人和社会的互动中产生的，涵盖了劳工标准是否达标、员工福利待遇是否合理、数据安全能否得到保障、产品是否安全以及与社区的关系是否融洽等诸多方面。企业可能因以上社会风险遭受品牌声誉的严重损害，引发诉讼纠纷，受到监管处罚，甚至遭受市场抵制和消费者远离等危机，进而影响企业的市场地位和经营业绩。

治理风险关乎企业的内部管理机制，涉及高管薪酬是否合理、董事会成员构成是否具有多样性、股东权利是否得到充分保障以及企业是否遵循商业道德等诸多关键要素。企业在治理方面如若存在缺陷，可能会引发投资者信心的大幅下降，受到监管机构的处罚，甚至还会面临市场准入受限等严重后果，这些对企业的发展将产生极为不利的影响。

（1）ESG风险管理流程

在企业ESG治理架构中明确ESG风险管理职责分工。企业可结合现有风险管理组织结构，进行ESG风险管理工作，确定ESG风险管理的责任主体，必要情况下同时可聘请外部机构提供ESG风险管理专业支持。ESG风险管理可参考以下四步。

第一，开展ESG风险识别。 企业首先可以明确公司活动和业务关系背景，全面梳理业务背景，了解公司内部活动和业务关系、外部客观环境以及主要受影响的利益相关方，为开展ESG风险识别工作筑牢基础。其次，收集公司ESG相关风险信息，按照环境、社会、治理维度梳理潜在的风险信息。如针对治理维度，可关注影响公司可持续发展要求的新法律法规和政策等，具体风险信息需要结合企业所在行业的发展情况、政策变化、环境变化等方面逐一梳理确认。根据梳理完成的ESG风险信息，识别并初步筛选出ESG风险的来源和类型。

第二，进行ESG风险评估。ESG风险评估可从影响程度和可能性两个维度，通过专家调研或高管问卷打分等方式进行评估及排序，针对评估出来的ESG风险进行分级分类监测与管理。例如，将风险分为"重大风险""一般风险"等，按照风险级别的差异采取不同程度的管控及应对措施。公司应建立全面覆盖、突出重点的常态化、制度化、与业务紧密融合的ESG风险评估机制，每年开展一次涵盖所有业务的ESG风险评估，同时应根据ESG相关监管要求、公司发展、年度风险变化情况和管理需要及时不定期组织开展。

第三，制定风险管理方案。根据公司战略目标、经营目标和风险偏好，选择风险控制、风险减缓等一系列的风险管理策略，将ESG风险类型，明确管理范围、目的与管理措施，融入企业整体的风险管理全流程。

第四，监督与降低ESG风险。企业需要明确ESG风险监测与预警机制，通过风险提示函、风险通报等方式，针对重大ESG风险进行提前预警，并进行全流程监督。针对实际发生的风险事件，企业可定期进行报告，报告内容包括ESG风险事件及对应影响、风险发生原因以及应对措施等内容。此外，也要定期针对ESG风险管理情况进行跟踪及评估，加强事前风险应对。

（2）重点关注ESG合规风险

随着ESG监管要求及政策不断出台，企业也将面临日益严格的ESG合规风险。ESG合规风险是指企业在运营过程中，由于未能遵循ESG方面的法律法规与标准，可能产生的法律诉讼、监管处罚等风险。为了确保企业经营合法合规，并促进企业的长期发展，公司除了需要满足可持续发展相关期待外，更需要建立一套符合相关法律法规及政策的管理体系，从合规层面提升和优化ESG管理。

加强ESG合规风险管控与应对，一方面需要遵循生产经营活动所在地的法律法规要求，包括国家或地区在环境保护、劳工权益、透明度和责任制等方面的法律法规。例如，欧盟出台《企业可持续发展尽职调查指令》（CSDDD），逐步开展强制性的人权和环境尽职调查，对供应链上企业提出明确的合规要求，企业则需要投入更多资源以确保符合欧盟的更高的合规门槛。另一方面，密切关注监管机构ESG政策指引要求，积极调整战略和实践以应对政策变化带来的合规压力。ESG合规风险的准确识别与应对，是推动企业稳健运行的重要手段，同时也将助力企业提升竞争力，更好地适应可持续发展背景下的管理要求。

（3）增强气候风险管理水平

目前，气候风险是国内外尤为关注的ESG风险类型。气候风险分为物理风险和转型风险，不同业务性质以及生产运营环境决定了企业面临的气候风险种类和程度。企业所面对的气候风险可能传导累积至银行等金融机构，"气候相关风险是金融风险的重要来源"已成为金融体系共识。为确保金融系统稳健，各国中央银行达成合作建立了央行与监管机构绿色金融网络NGFS，提出物理风险、转型风险不同组合的气候情景，降低和管理气候风险对经济、企业的影响。NGFS对未来各个国家及地区的宏观经济指标进行预测，并与国际能源署（IEA）等国际机构公布关于能源消耗等不同情景下的关键指标表现预测。中国人民银行、香港金管局参考NGFS的提议，对各自管辖的金融机构提出了压力测试方案的不同情景设定。[①]

[①] 中国人民银行围绕碳排放权配额价格、碳排放权免费配额比例设定轻度情景、中度情景及重度情景；香港金融管理局参考NGFS，围绕有序转型、无序转型、温室世界三个情形不同情景设定关于碳排放权价格等因素、分行业增长预测指标等因素。

企业的气候风险情景可通过分析企业业务覆盖地区及行业范围、气候风险类型，考虑时间跨度（一般分为短期、中期、长期），创设情景（通常包括直接采用NGFS、IEA、IPCC公开情景，在公开情景基础上优化及自行拟定三种方式），选择经济、金融、气候等风险变量，了解企业未来在不同情景下业务、战略和财务情况，指导当前及长远的ESG管理规划。

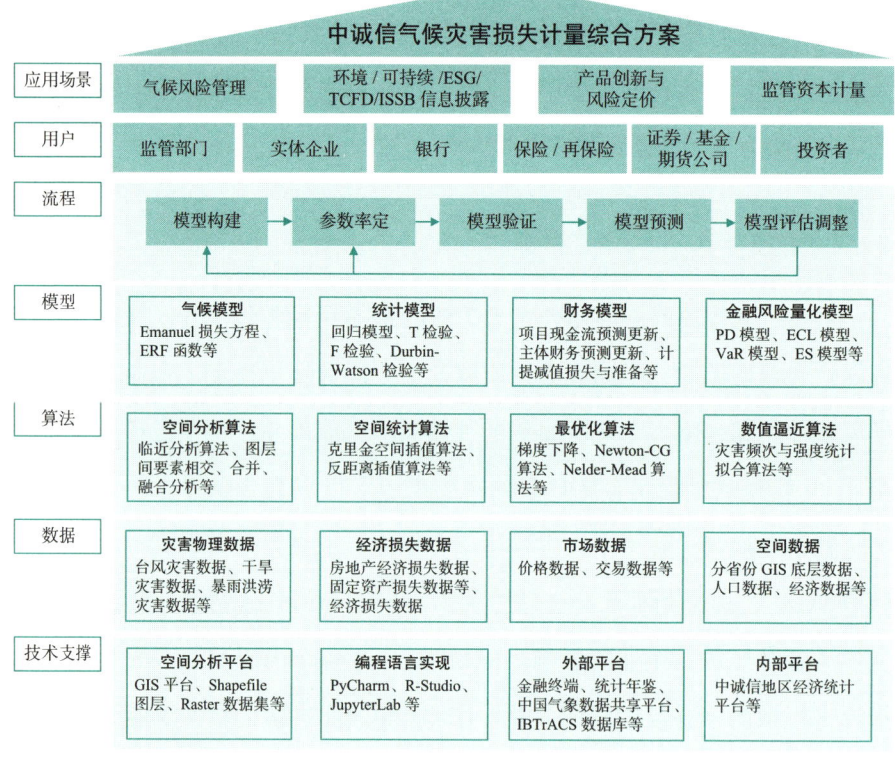

图6-8 中诚信绿金气候物理风险量化分析方法框架

制造业、公用事业、交通运输业、房地产、建筑业、矿业等行业面临来自极端天气、林火以及水资源短缺的压力，这些行业的企业更易受到气候物理风险的侵害。基于气候变化因子、暴露因子、脆弱性因子三个驱动因素，可以开展企业资产设施在物理风险因素下的空间卷积运算和损失分析，转化为企业传统的信用风险、市场风险进行分析，得出企业偿债能力受冲击程度及潜在信用评级下迁风险。

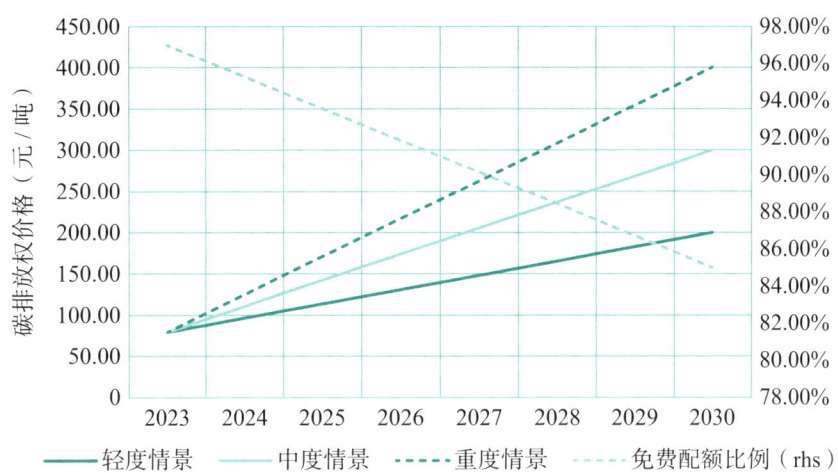

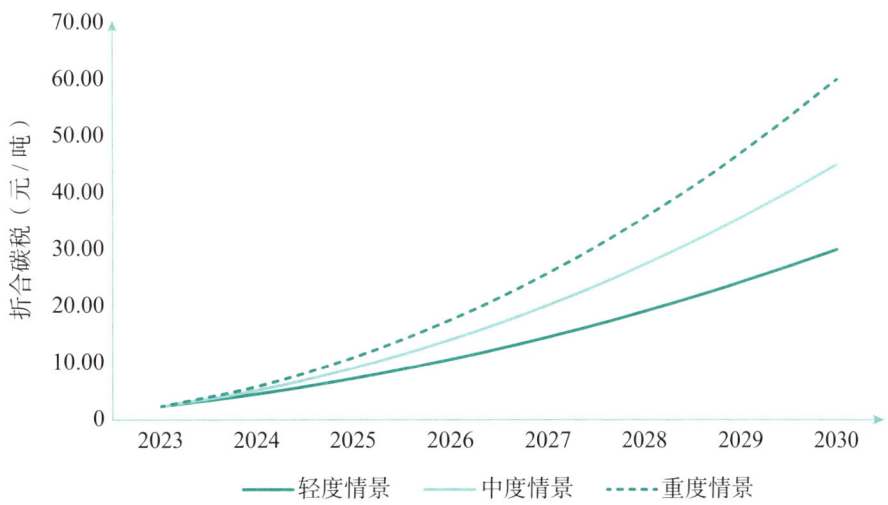

图6-9　某企业未来不同情景下碳价、碳税等相关变量预测

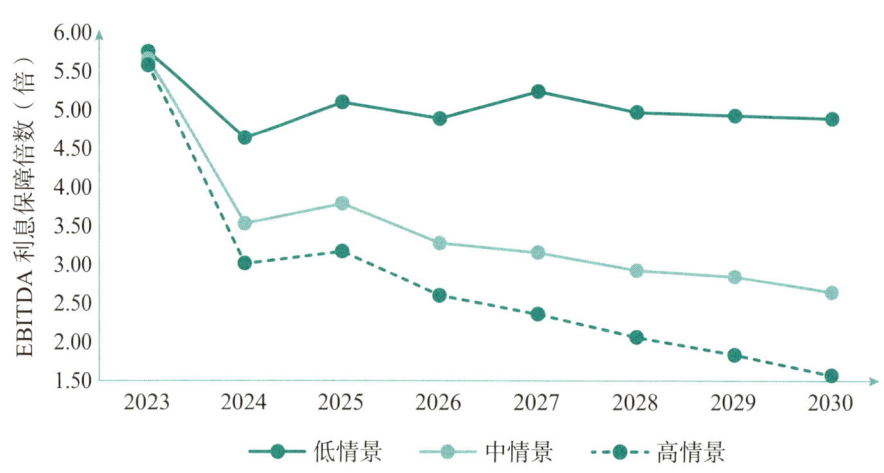

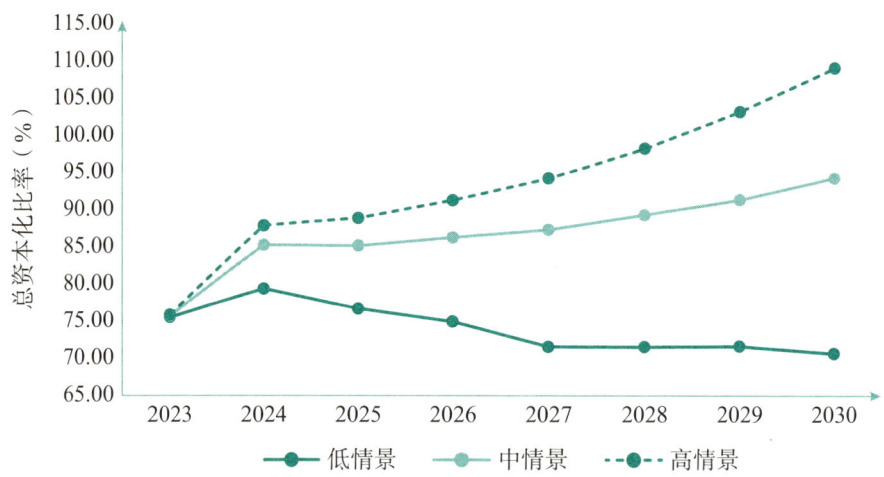

图6-10 某高碳排放企业不同情景下财务指标预测

水泥、钢铁、房地产、化工、煤炭、建筑、发电、海运、有色金属冶炼、石化、造纸、航空运输等行业属于高碳排行业，这些行业的企业面临我国电力供给端及消费端不同发电结构比例成本价格及碳排放量、我国碳排放权与CCUS价格、绿电绿氢绿氨成本价格、欧盟碳关税价格、资产搁浅等多重因素变化，需要比较不同变化情景来决定企业低碳转型路径，选

六、ESG信息披露与ESG管理

择未来短期及中长期转型技术。企业能源活动水平、产品产量数据、经济数据折算碳排放数据结合横向校验、纵向校验、勾稽校验,实现符合行业特征的碳排放数据预测。通过企业未来碳排放权等成本支出、碳排放权价格变化,预测在未来不同的压力情景下企业的财务报表变化、违约概率,可帮助企业及早决策和开展应对措施。